Mieux vendre

grâce au Home Staging

France Arcand · Brigitte Poitras

Mieux vendre

grâce au Home Staging

ÉDITIONS DE Mortagne

Données de catalogage avant publication (Canada)

Poitras, Brigitte

Mieux vendre grâce au Home Staging.

ISBN : 978-2-89074-739-5

1. Mise en valeur de propriété. 2. Habitations – Vente. 3. Décoration intérieure.
I. Arcand, France. II. Titre.

HD1379.P64 2008   643'.12   C2008-940592-7

Édition
Les Éditions de Mortagne
C.P. 116
Boucherville (Québec) J4B 5E6

Distribution
Tél. : 450 641-2387
Téléc. : 450 655-6092
Courriel : info@editionsdemortagne.com

Dépôt légal
Bibliothèque nationale du Canada
Bibliothèque nationale du Québec
Bibliothèque Nationale de France
3ᵉ trimestre 2008

ISBN : 978-2-89074-739-5

1 2 3 4 5 – 08 – 12 11 10 09 08

Imprimé en Chine

Crédits photos : La plupart des photos de cet ouvrage ont été prises par France Arcand et
Brigitte Poitras dans le cadre de leurs fonctions. Leur iconographie a été complétée à
l'aide de istockphoto.com.

Conception graphique : Vivianne Moreau, Ateliers Prêt-Presse

Nous reconnaissons l'aide financière du gouvernement du Canada par l'entremise du
Programme d'aide au développement de l'industrie de l'édition (PADIÉ) et celle du
gouvernement du Québec par l'entremise de la Société de développement des entre-
prises culturelles (SODEC) pour nos activités d'édition. Gouvernement du Québec –
Programme de crédit d'impôt pour l'édition de livres – Gestion SODEC. Membre de
l'Association nationale des éditeurs de livres (ANEL).

Table des matières

Avant-propos 9

Introduction • Qu'est-ce que le Home Staging ? 11

Chapitre 1 • Les éléments de base du Home Staging . . .25

Chapitre 2 • Le Home Staging, pièce par pièce 61

Chapitre 3 • L'ABC de l'harmonie du décor 139

Chapitre 4 • La psychologie de l'acheteur 179

Conclusion 199

Remerciements

Nous tenons à remercier non seulement toutes les personnes qui ont contribué à la publication de ce livre, mais aussi toutes celles qui ont cru en nous et qui nous ont appuyées tout au long de notre parcours. En voici quelques-unes :

* À François Léger, courtier immobilier, pour avoir été le premier à croire en nous et qui nous a donné la chance de partager notre passion avec ses agents ;

* À notre équipe de collaboratrices, qui sont devenues en quelque sorte nos « clones » et qui nous permettent de répondre à une demande grandissante ;

* À nos clients, pour l'iconographie du présent ouvrage ;

* À Paule Delisle (la maman de Brigitte), qui nous a aidées à faire le ménage dans tous nos textes ;

* Au personnel de notre maison d'édition, en qui nous avons reconnu une passion égale à la nôtre ;

❋ À Jacqueline Savard, pour la réalisation des croquis ;

❋ À toute l'équipe des Productions Swan, et à tous ceux qui ont participé de près ou de loin à l'émission *Bye-Bye Maison !*, laquelle nous a permis de faire connaître le concept du Home Staging à travers la province de Québec et même jusqu'en Europe !

❋ Merci au diffuseur Canal Vie pour nous avoir accordé le droit d'utiliser les photos prises dans le cadre de l'émission *Bye-Bye Maison !*

Remerciements de Brigitte

❋ À mes enfants, Alexandre et Laurence, les cadeaux les plus précieux que la vie m'ait donnés, et à Benoit, leur papa, qui m'a soutenue, encouragée et inspirée dans mes débuts de carrière.

❋ À mon papa, Maurice, et ma maman, Paule, qui m'ont appris très jeune à voir et à apprécier les belles choses et m'ont donné le goût de travailler dans un domaine où la création est en avant-plan.

Remerciements de France

❋ À mes trois filles et amours de ma vie, Christelle, Fannie et Alicia, pour leur amour inconditionnel et leur grande compréhension...

❋ À John, mon mari, qui a été témoin de l'ascension de notre entreprise et qui m'a toujours soutenue dans cette belle aventure.

❋ À ma sœur Nathalie, mon amie, confidente et adjointe administrative, pour avoir cru en moi et sans qui je n'aurais jamais connu de répit !

❋ À tous les membres de ma famille et à mes amis qui ont compris et accepté mes absences si nombreuses... Merci !

Avant-propos

Notre entreprise, Coup d'œil design, a officiellement vu le jour en avril 2004, mais c'est sans compter les mois qui ont précédé, pendant lesquels nous avons réfléchi, planifié notre marche à suivre et mis en place notre structure organisationnelle. On peut dire que tout a commencé vraiment en 2003 avec une envie commune d'accomplir de grandes choses. Comptant sur notre expertise respective, Brigitte la décoratrice et France l'agent immobilier, nous étions convaincues du potentiel d'un tel partenariat dans le domaine de la revente immobilière.

Lorsque nous avons pris connaissance de l'existence d'un concept révolutionnaire sur le marché de l'immobilier aux États-Unis, nous avons cru bon d'examiner ce phénomène de près.

Il s'agissait à l'époque d'un rêve, d'une grande ambition, que de penser que nous pourrions promouvoir la pratique du Home Staging au Québec et réussir à en faire notre principale activité professionnelle.

Après nous être données corps et âme et ce, sans jamais douter, nous pouvons aujourd'hui fièrement constater que la réalité a dépassé notre rêve premier. Non seulement nous avons réussi à faire connaître le Home Staging à travers le Québec, mais nous pouvons aussi affirmer que nous avons déclenché un véritable raz-de-marée. Nous sommes également fières de dire que ce concept est désormais le centre de nos activités professionnelles et qu'il nous a permis de venir en aide à de nombreux clients en leur permettant de mieux vendre leur propriété.

Tout le monde connaît maintenant le Home Staging et on le réclame !

Ainsi, le contenu de ce livre est l'amalgame des formations que nous avons reçues et de notre expérience pratique. Ayant été formées aux États-Unis, nous avons dû adapter quelques points aux réalités du Québec. Par conséquent, certaines méthodes jugées moins efficaces sur le marché québécois ont été omises. Nos échanges avec les agents et courtiers nous ont également permis de peaufiner notre approche avec les clients vendeurs. Nous sommes donc convaincues de l'efficacité des méthodes que nous avons mises au point. Croyez-nous, ça marche !

Nous sommes fières et enthousiastes à l'idée de partager avec vous notre savoir-faire. Maintenant, à vous de jouer !

Introduction

Qu'est-ce que le Home Staging ?

Le Home Staging est un concept qui existe depuis plus de trente ans aux États-Unis. En français, on décrit le Home Staging comme étant une mise en valeur de la propriété, un aménagement immobilier, une valorisation résidentielle ou une mise en scène immobilière.

Le Home Staging est l'art de mettre en valeur une propriété dans le but de la vendre rapidement et au meilleur prix possible. Il convient, en effet, de présenter une maison sous son meilleur jour pour s'assurer de bien la vendre. À cette fin, le Home Staging indique les principes à mettre en œuvre pour donner aux résidences leur meilleur potentiel de revente sur le marché. C'est une question d'emballage ! Lorsqu'un acheteur potentiel visite une propriété, il sait que les accessoires décoratifs et les meubles ne sont habituellement pas inclus dans la transaction. C'est un fait.

Le Home Staging en bref

✳ Il vise à rehausser l'apparence des propriétés par des techniques appropriées, afin de vendre plus rapidement et d'obtenir le meilleur prix possible.

✳ Dans un marché immobilier peu actif, il permet d'accélérer la vente.

✳ Dans un marché modéré ou rapide, il peut augmenter le prix de vente entre 2 % et 10 %.

✳ C'est pour les propriétés de prestige qu'on remarque les plus fortes augmentations du prix de vente.

En revanche, on sait que très peu d'acheteurs sont capables d'entrevoir le potentiel d'une propriété lorsqu'elle n'est pas présentée sous son meilleur jour. Dans ce cas, pour quelles raisons un spécialiste en Home Staging s'efforce-t-il d'enjoliver une propriété au moyen de mobilier d'appoint ou d'accessoires décoratifs ?

En voici quelques-unes :

✳ L'acheteur potentiel ne croit habituellement que ce qu'il voit.

✳ Une pièce sans harmonie ne séduira pas l'acheteur, qui cherche inconsciemment à ressentir un coup de cœur lorsqu'il visite une maison.

✳ Une pièce joliment décorée suggère une ambiance de détente et un mode de vie agréable. Elle permet donc à l'acheteur de se faire une représentation mentale et de se voir occuper les lieux sans avoir à faire lui-même l'effort d'imagination qui ne lui semble pas toujours évident.

Lorsqu'on apprête une maison pour la vendre, on doit la voir comme un produit de consommation qu'on cherche à mettre en valeur sur le marché. Imaginez une visite chez un détaillant de meubles où ceux-ci sont mis en contexte à l'aide d'une décoration soignée. À l'achat d'un lit, par exemple,

Confort

Ambiance

Art de vivre

il est plus facile de faire un choix judicieux lorsqu'on peut le visualiser dans le cadre d'une chambre à coucher pourvue d'une jolie literie, d'accessoires décoratifs et de meubles bien assortis. Le même meuble montré sans aucun apparat dans un entrepôt ne produira pas le même effet chez l'acheteur.

Lorsque vient le temps de préparer sa maison pour la revendre, on doit faire le maximum pour que la transaction nous soit des plus profitables. Aucun détail ne doit être laissé au hasard !

Comme tout produit à vendre, du point de vue du marketing, ce dernier doit être présenté stratégiquement. On doit appliquer à la revente d'une maison le même principe que pour une vidéocassette ou une voiture, c'est-à-dire la présenter de façon adéquate. Dans le cas de la vidéocassette, il conviendra de remplacer par un nouvel emballage le boîtier abîmé, de façon que l'acheteur ait davantage l'assurance que le contenu sera en bon état. Lorsqu'on met sa voiture en vente, il va de soi d'effectuer un nettoyage en profondeur et de s'assurer que la mécanique a été inspectée et mise au point. La carrosserie et les pneus devront être impeccables et les légères imperfections auront été réparées.

Il en va de même pour la revente d'une maison. Ce qu'il faut retenir, c'est le point de vue de l'acheteur et l'effet que produira sur lui sa première visite de la maison. Placez-vous dans la position de

Le Home Staging par opposition à la décoration

* La décoration est considérée comme étant un luxe et concerne une clientèle plus fortunée.

* Le Home Staging est un besoin qui rejoint tous les types de clients.

* La décoration est personnalisée selon les goûts et besoins personnels de chaque client.

* Le Home Staging a pour but de dépersonnaliser la propriété afin de plaire au plus grand nombre possible de visiteurs et d'acheteurs potentiels. Par conséquent, le décor proposé ne rejoint pas nécessairement les goûts personnels du propriétaire.

l'acheteur, analysez la propriété avec ses yeux, vous pourrez ainsi discerner beaucoup plus facilement les points forts et les points faibles de la maison.

Aussi, gardez toujours en mémoire que le Home Staging est l'art de savoir appliquer le « gros bon sens » !

Qui peut bénéficier du Home Staging ?

Le Home Staging ne convient pas uniquement aux propriétaires de maisons unifamiliales. Toutes les personnes qui souhaitent vendre leur propriété, qu'il s'agisse d'une copropriété, d'une maison de prestige ou d'une résidence secondaire, peuvent s'inspirer du Home Staging afin de maximiser leurs chances de vendre leur propriété rapidement et à bon prix. Une copropriété qui a été mise en valeur sera plus attrayante aux visiteurs potentiels, surtout dans un contexte où l'offre dépasse la demande et où le marché ne favorise pas le vendeur. Le Home Staging n'est pas un luxe, c'est un investissement !

Le Home Staging n'est pas non plus réservé uniquement aux propriétaires de résidence dans des secteurs urbains ; il convient tout à fait aux maisons champêtres ou ancestrales. Cependant, selon le type de propriété que vous souhaitez vendre, il y aura certains détails supplémentaires auxquels vous devrez prêter attention.

Le Home Staging et la copropriété

Parfois, l'appartement du vendeur est bien entretenu, mais il se peut que l'immeuble le soit moins. Il ne faut pas oublier que la première impression de l'acheteur potentiel s'effectue d'abord en voyant la bâtisse, ensuite l'entrée (ascenseurs et corridors, s'il y a lieu), puis la copropriété elle-même. Voici quelques problèmes récurrents :

✳︎ les corridors n'ont pas été repeints depuis des lustres et affichent des couleurs criardes ;

✳︎ l'éclairage est déficient (ampoules brûlées non remplacées, néons qui diffusent une lumière trop crue, lumières qui s'allument à l'aide d'un œil magique, ce qui peut surprendre désagréablement l'acheteur potentiel) ;

✳︎ les tapis sont tachés ;

✳︎ les relents d'odeurs (humidité, cuisine) ;

✳   les journaux et les circulaires s'accumulent au pied des marches.

Ces problèmes, même s'ils sont faciles à régler lorsque nous sommes propriétaire, le sont moins lorsqu'on habite en copropriété. Il serait peut-être bon de dresser une liste des problèmes constatés et de la soumettre au conseil d'administration. Sinon, vous pouvez peut-être vous assurer de la propreté générale des lieux avant la visite, notamment en ramassant les journaux et autres objets, et en installant un diffuseur de parfum dans le corridor.

Enfin, les copropriétaires manquent souvent d'espace de rangement pour tous leurs objets et appareils de la vie quotidienne (climatiseur, vélos, etc.). Il faudra alors songer à entreposer certains objets trop volumineux.

Le Home Staging et la résidence secondaire

La résidence secondaire est souvent un lieu de villégiature, une retraite familiale où l'on passe les vacances. Un chalet de ski, par exemple, une maison d'été sur le bord d'un lac ou encore un pied-à-terre dans une autre ville ou un autre pays. Même si la propriété est bien meublée et décorée, certaines problématiques sont récurrentes :

✳   la maison peut sembler un peu délaissée ;

✳   l'entretien est parfois négligé ;

✳   il n'y règne aucune atmosphère.

Nous avons déjà eu l'occasion de faire le Staging d'une résidence secondaire qui servait de chalet d'hiver aux propriétaires. En plein mois de juillet, la maison désertée affichait encore les relents du temps des fêtes et les décorations de Noël trônaient au salon. C'était comme si les occupants avaient pris la poudre d'escampette le 25 décembre !

La maison vacante ne doit pas avoir l'air délaissée et son décor doit être dépourvu de thématiques. Voici quelques petits conseils pour ajouter de la chaleur à une maison inhabitée :

✳   on doit ranger dans des boîtes tous les objets pouvant être une source d'encombrement et tous les items qui personnalisent le décor ;

✳   lorsqu'on se voit dans l'impossibilité de se rendre sur place pour entretenir la maison, on peut engager une équipe de ménage locale qui effectuera le dépoussiérage et l'entretien ménager hebdomadaire ;

✳   on peut mandater une personne digne de confiance pour effectuer la création d'ambiance (musique, chandelles, feu de foyer) juste avant les visites.

La résidence secondaire doit être chaleureuse et bien entretenue.

Le Home Staging et la maison vacante

Tout comme la résidence secondaire, la maison vacante peut sembler négligée, délaissée ou peu entretenue. Les problématiques majeures rencontrées sont les suivantes :

✳ les pièces vides sont dépourvues de chaleur ;

✳ les signes de vieillissement et les petits défauts deviennent le point de mire ;

✳ la vocation des pièces est difficile à établir ;

✳ les pièces vides paraissent toujours plus petites ;

✳ le manque d'aération peut entraîner des odeurs de renfermé ;

✳ l'entretien extérieur est souvent négligé.

Il est primordial de meubler une maison vacante lorsque vient le temps de la vendre – cela peut faire toute la différence du point de vue transactionnel, tant du côté du montant de la vente que de la rapidité à laquelle elle s'effectue.

Exemples de réflexions qu'une maison vacante peut soulever

✳ « On sent l'urgence de vendre des propriétaires… On peut sûrement négocier ! »

✳ « Les occupants sont partis avant de vendre, cela peut vouloir dire que la maison comporte certaines problématiques. »

✳ « Je me demande si mes meubles sont trop gros pour cette pièce ? »

✳ « Il y a beaucoup de réparations à effectuer dans cette demeure ! »

Avant

Modifications apportées

* La location de meubles et d'accessoires décoratifs s'avère indispensable pour créer une ambiance chaleureuse dans une maison vacante.

Après

Afin d'éviter de donner du pouvoir de négociation à l'acheteur, il est impératif de meubler la propriété. Voici quelques solutions pratiques pour y arriver :

✳ lorsque c'est possible, on laisse quelques meubles et accessoires décoratifs dans les pièces principales de la maison (entrée, salon, salle à manger, chambre principale) – il n'est pas nécessaire d'en laisser beaucoup. Seuls quelques éléments bien disposés donneront les repères visuels nécessaires pour évaluer le volume des pièces ;

✳ on fait appel à des compagnies qui se spécialisent dans la location de mobilier. Ces dernières peuvent, moyennant des frais mensuels, meubler une maison au grand complet en un rien de temps ;

✳ la location d'accessoires décoratifs par le biais de spécialistes en Home Staging (quelques fauteuils, tapis, plantes et lampes) peuvent parfois suffire pour créer l'effet voulu ;

✳ on utilise un lit de camp gonflable pour meubler la chambre à coucher.

Notre expérience nous a démontré que l'investissement en temps ou en argent pour meubler la résidence vacante est grandement rentabilisé.

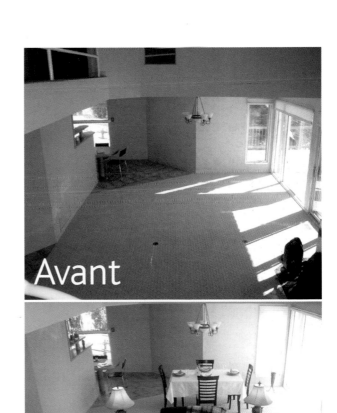

Avant

Après

Le Home Staging et la nouvelle construction

Les promoteurs immobiliers font souvent appel aux techniques du Home Staging pour valoriser leurs propriétés. Bon nombre d'entrepreneurs offrent en effet aux acheteurs potentiels de visiter une maison modèle. La maison modèle est habituellement meublée et décorée dans son ensemble. On y a créé une atmosphère, un style et un mode de vie par le biais d'un décor neutre et moderne qui reflète le goût de la clientèle cible.

Voici les principaux points à aborder pour élaborer un décor à peu de frais :

✳ on effectue une coloration « d'appoint » en peignant certains murs de la maison. Par exemple, le mur du foyer au salon pourrait être ponctué d'une teinte plus soutenue pour valoriser le foyer ;

✳ on installe des luminaires plutôt que de laisser l'ampoule seule éclairer la pièce ;

✳ on suggère un mode de vie en intégrant du mobilier et des accessoires dans les pièces ;

✳ dans le cas d'une maison non complétée, on peut faire appel à des spécialistes pour élaborer des styles de décors qui pourraient être présentés aux clients par le biais d'échantillons, de jetons de couleurs, de photos ou de croquis.

La maison neuve, contrairement à la maison en revente, doit davantage être personnalisée et doit suggérer un style de vie pour séduire l'acheteur !

Le Home Staging et la location

Les techniques du Home Staging sont très appropriées pour les résidences en location. Qu'il s'agisse de la location à court terme ou à long terme, logement meublé ou non, le propriétaire s'assure de séduire les locataires potentiels en appliquant les rudiments du Home Staging.

Habituellement non meublés, les logements ou les maisons en location peuvent bénéficier des mises au point stratégiques suivantes :

✻   s'il y a lieu, nettoyez les tapis en profondeur ;

✻   effectuez un grand ménage ;

✻   repeignez les murs et plafonds avec des couleurs neutres qui s'agenceront avec les revêtements en place ;

✻   réparez tous les petits bris et défectuosités ;

✻   remplacez les luminaires désuets et assurez-vous que toutes les lumières en place soient munies d'ampoules fonctionnelles ;

✻   aérez régulièrement les lieux.

On aborde la propriété en location à court et moyen terme de la même façon qu'on aborde une maison modèle. Lorsqu'on sait quel profil de locataire est recherché, on peut effectuer des mises au point pour lui plaire. Enfin, on s'assure d'attirer des locataires de façon plus permanente ou on augmente plus facilement les tarifs des loyers lorsqu'on suit les conseils suivants :

✻   le mobilier en place est propre, en bon état et au goût du jour ;

✻   le décor est harmonieux – on joue de neutralité et on présente les pièces avec des accessoires à la mode (rien de plus facile que de raviver un décor par le biais d'accessoires bien agencés) ;

✻   les pièces ne sont pas surchargées.

Quels sont les coûts du Home Staging ?

Les coûts d'une mise en valeur de la propriété sont en général minimes (ils constituent en moyenne 1 % de sa valeur marchande), excluant les honoraires d'un spécialiste en Home Staging.

Par exemple, pour une résidence inscrite sur le marché à 250 000 $, on pourra prévoir investir plus ou moins 2 500 $ pour l'ensemble des transformations.

Il arrive parfois que les transformations excèdent ce pourcentage, mais c'est plutôt rare. Une maison bien entretenue au cours des années ne fera pas l'objet de mises au point majeures, donc coûteuses. Par contre, la maison dont l'entretien laisse à désirer pourrait avoir besoin d'un plus grand investissement (comme pour sabler des planchers, refaire de la céramique brisée, etc.).

Le Home Staging prône des transformations qui feront en sorte que la propriété atteigne son plein potentiel de revente sur un marché donné. Par exemple, un cottage mis en vente devrait être en aussi bon état et aussi bien présenté que les maisons semblables du secteur pour que son prix, similaire aux autres ou plus élevé, soit justifié. Dans le cas contraire, un cottage démontrant des signes d'entretien négligé devra être inscrit à moindre prix que les cottages similaires du quartier, à moins d'y effectuer des transformations pour remédier aux lacunes.

Les statistiques compilées depuis quelques années aux États-Unis et au Canada démontrent que le Home Staging permet d'augmenter le prix de vente d'une maison de 2 % à 10 %.

Chapitre 1

Les éléments de base du Home Staging

Mettre en valeur sa propriété est une question de gros bon sens. On veut mettre toutes les chances de son côté pour faire en sorte que la propriété se vende rapidement et au meilleur prix possible. Un vendeur avisé sait qu'il aura avantage à préparer sa propriété pour la vendre. Toutefois, certaines règles s'appliquent. Il ne suffit pas seulement de faire du ménage et de ranger la maison, comme certains le croient.

D'autres vendeurs zélés iront jusqu'à entreprendre des travaux de rénovation, ce qui n'est pas toujours une bonne chose du point de vue du rendement de l'investissement, notamment lorsqu'on ne connaît pas les règles.

Ce qu'il faut surtout savoir, c'est à quoi on doit essentiellement consacrer son budget !

Dans ce chapitre, nous allons vous présenter les éléments de base du Home Staging. Ces éléments comportent des façons de faire stratégiques et ils s'appliquent à toutes situations de revente. En passant ces points en revue lorsque vous vous préparez à mettre en valeur votre propriété, vous allez mettre toutes les chances de votre côté pour une transaction fructueuse !

Le désencombrement

« Je n'ai pas le temps de m'attaquer à une telle tâche, je le ferai lorsque je déménagerai… »

« Je n'ai pas de place pour tout ranger… »

Lorsqu'on se prépare à mettre sa propriété sur le marché, la première chose à faire consisterait à préparer les boîtes en vue du déménagement et ne conserver que le nécessaire pour que les pièces soient chaleureuses, invitantes et dégagées.

Pour ce faire, on doit d'abord effectuer un bon tri parmi :

✳   les articles à jeter ;

✳   les articles à recycler ;

✽   les articles à donner ;

✽   les articles à vendre ;

✽   les articles à conserver.

Le désencombrement permet non seulement de dégager les pièces, facilitant ainsi la transposition mentale du visiteur, mais aussi de mettre en valeur le volume des pièces. C'est prouvé : une pièce encombrée a toujours l'air plus petite qu'elle ne l'est réellement.

Il est difficile d'éprouver du bien-être dans une pièce surchargée ! En prévision d'un éventuel déménagement, pourquoi ne pas prendre les devants en commençant à faire les boîtes et en mettant au rebut ce qu'on n'a pas l'intention d'emporter en partant ? La plupart du temps, on accumule toutes sortes de biens avec les années et c'est au moment de déménager qu'on s'en aperçoit. Mais, souvent, on est alors trop pressé pour faire un tri et on emballe tout, en se promettant de faire plus tard ce qu'on n'a jamais eu le temps de faire jusqu'ici...

Vous mettrez les chances de votre côté en prenant les devants.

Quelques exemples de meubles ou d'appareils qui souvent encombrent le décor et nuisent au potentiel de revente d'une maison :

Avant

Problématique

* Le mur de bois rustique d'origine de la maison est obstrué par la toile pour le projecteur. Ce mur, un élément assez vendeur, devait être mis en valeur et dénudé de tout élément pouvant l'obstruer.

Après

Lorsque vous aurez terminé votre tri, vous serez fier de vous. Vous aurez accompli une tâche qui vous semblait fort contraignante mais qui, une fois complétée, vous facilitera l'aménagement des pièces pour créer de l'ambiance. Toutefois, vous devez d'abord passer par l'étape du grand ménage !

La dépersonnalisation

> « Pourquoi devrais-je enlever mes photos
> et objets personnels ?
> Je vis ici et l'acheteur sait très bien que tout ceci
> n'y sera plus lorsqu'il emménagera… »

La dépersonnalisation fait en sorte que le visiteur puisse s'imaginer vivre dans la propriété. Cette possibilité l'aidera également à ne pas se sentir comme un intrus et ainsi à mieux apprécier sa visite. Voici quelques éléments qui personnalisent le décor.

Les collections

Les collections sont souvent une source de fierté. Il peut sembler difficile de comprendre comment nos trophées ou nos poupées de porcelaine risquent de nuire à la vente de notre demeure. Ces objets reflètent des intérêts personnels et contribuent ainsi à personnaliser le décor en plus d'être une source d'encombrement. Aussi, les pièces d'une collection ont pour effet d'attirer le regard du visiteur et de le distraire de l'essentiel de sa visite.

Les photos de famille

Même si elles sont jolies, les photos de famille identifient l'espace aux propriétaires actuels et compliquent, de ce fait, le travail de transposition mentale que les visiteurs s'efforcent d'opérer.

Rappelons également que le visiteur cherchera inconsciemment à se reconnaître dans les occupants des lieux. Pour ce faire, il évaluera, d'après le décor, les objets, les photos, son degré d'affinité avec les propriétaires actuels. Lorsque les photos lui montrent des gens qui lui ressemblent, elles agiront favorablement sur lui. À l'inverse, elles le mettront mal à l'aise, car il ne pourra pas se retrouver dans le mode de vie des occupants.

Les objets religieux

On doit tenir compte du fait que tous ne pratiquent pas la même religion et que de tels objets peuvent susciter une gêne réelle chez certaines personnes, réduisant ainsi les chances de vente rapide.

Avant

Problématiques

✳ Le meuble, vraiment massif, encombrait le corridor et personnalisait beaucoup trop la propriété puisqu'il renfermait une collection d'objets personnels variés.

✳ La couleur foncée sur les murs assombrissait et rapetissait l'espace.

Après

Les objets personnels, produits d'hygiène, médicaments, paperasse

Nous connaissons tous les petits détails de la vie quotidienne, mais aucun acheteur potentiel n'a envie d'en apercevoir les évidences !

En conclusion, on peut dire que tous ces objets qui nous tiennent à cœur ne doivent pas être vus du visiteur pour ne pas amoindrir sa satisfaction d'entrer dans une maison où il lui serait possible de s'installer immédiatement. Somme toute, la maison doit avoir l'apparence d'une maison modèle et être parfaitement propre, sans aucune trace de vie personnelle.

La propreté

La propriété doit être irréprochable sur le plan de la propreté. Souvenez-vous lorsque vous étiez à la recherche d'une propriété... La propreté de la maison a certainement joué un rôle très important quant au choix de celle-ci... et ce, sans que vous vous en rendiez compte !

Il est prouvé qu'un acheteur potentiel visitant une propriété propre en tout point aura l'impression que celle-ci a été bien entretenue tout au long des années. Cela lui procurera sans aucun doute un sentiment de sécurité. À l'inverse, une maison mal entretenue lancera un message négatif à l'acheteur :

« Voici ce que je vois... J'imagine déjà l'état de ce que je ne peux apercevoir d'un premier coup d'œil ! »

L'extérieur

Voici les éléments à passer en revue :

✳   le revêtement extérieur de la maison ;

✳   les fenêtres et cadrages ;

✳   la porte d'entrée et le seuil ;

✳   l'adresse de la propriété ;

✳   le terrain ;

✳   l'aire de stationnement ;

✳   le patio et le mobilier.

Pour toutes les pièces de la maison

On doit s'assurer que tous ces éléments sont impeccables :

✳   les planchers ;

✳   les murs et plafonds ;

✳   les miroirs ;

✳ les luminaires ;

✳ les tapis ;

✳ les éléments de chauffage ;

✳ les habillages de fenêtres et les vitres ;

✳ les moulures, O 'Gee et cimaises ;

✳ les portes et les poignées de portes.

La cuisine et la salle de bain

On nettoie et on fait briller :

✳ la robinetterie ;

✳ le lavabo, la baignoire, la cuvette ;

✳ le rideau de douche ;

✳ les joints de céramique (murs et planchers) ;

✳ le scellant ;

✳ l'intérieur des cabinets, du garde-manger et des rangements ;

✳ les portes d'armoires et les poignées ;

✳ le dessus des armoires.

Les odeurs

Il est important d'éliminer toutes les mauvaises odeurs car elles pourraient nuire à la vente de votre demeure. Parmi les odeurs qu'il faut éviter, on note par exemple :

✳ la cigarette ;

✳ la friture ;

✳ les oignons ;

✳ les animaux ;

* les épices ;

* tous les produits ultra-parfumés tels que « Branchez-les » ou autres distributeurs automatiques muraux — ceux-ci sont beaucoup trop concentrés et ils incommodent la plupart des gens.

Une multitude de produits sont disponibles sur le marché pour vous aider dans cette tâche. Lorsque les odeurs indésirables sont éliminées, on peut se procurer des parfums d'ambiance. Attention toutefois à bien doser ceux-ci !

Les animaux domestiques ne sont pas un problème lors de la mise en marché de la propriété, pour autant qu'ils ne causent pas d'ennuis au niveau des odeurs ou de la propreté. S'il y a des odeurs causées par les animaux dans la propriété, on doit y remédier car cela pourrait nuire et même bloquer la vente de la propriété.

Lors des visites, on essaie de privilégier les odeurs :

* de pâtisserie ;

* de café frais ;

* de cannelle ;

* de vanille ;

* d'agrumes.

Trucs et astuces avant les visites

* Enfournez un pain congelé.

* Disposez des morceaux d'agrumes dans une assiette de présentation et placez-la au micro-ondes quelques minutes avant les visites.

* Déposez deux ou trois gouttes de vanille dans une assiette d'aluminium et placez l'assiette au four quelques minutes avant l'arrivée des acheteurs potentiels.

* Dissimulez des feuilles d'assouplissant sous les tapis, sous les coussins…

* Diluez une partie d'assouplisseur liquide avec deux parties d'eau et faites bouillir le mélange pendant la visite.

* Allumez une bougie — de qualité — aromatisée à la vanille ou à la cannelle.

* Faites bouillir des bâtons de cannelle.

* Utilisez des neutralisateurs d'odeurs tel « Pure Ayre ».

L'entretien et les réparations

Voici quelques stratégies pour rémédier à certains problèmes courants que l'on rencontre au moment de la vente d'une maison.

Des pièces non finies

Dans un monde idéal, on finirait toujours nos rénovations avant de songer à entreprendre un déménagement. Mais, dans les faits, de nombreux propriétaires doivent mettre leur propriété en vente alors que la salle de bain est à moitié complétée et que les joints n'ont pas été tirés.

Si vous n'avez pas le temps de terminer vous-même les travaux, il vaut mieux faire appel à des professionnels. En effet, dans le cas d'une pièce non finie, cela donne un trop grand pouvoir de négociation à l'acheteur, qui se servira de ce détail pour faire baisser considérablement le prix de vente. Alors, on sort les pinceaux et on se met à l'ouvrage, car l'investissement – seulement quelques centaines de dollars parfois – en vaut vraiment la peine !

Ensuite, sans investir de grosses sommes d'argent, vous pourrez augmenter la valeur des pièces et les rendre attrayantes en y ajoutant des accessoires.

Modifications apportées

✳ Tous les produits nettoyants ont été rangés hors de la vue.

✳ Une porte a été posée pour dissimuler le réduit où se trouve le réservoir d'eau chaude.

✳ Le plancher a été recouvert de céramique.

✳ Les murs ont été peinturés.

✳ Les ampoules nues ont été remplacées par des luminaires, créant un éclairage chaleureux.

Avant

Modifications apportées

✳ Le plafond a été fermé puis les joints tirés.

✳ La pièce a été repeinte.

✳ Quelques accessoires décoratifs ont été ajoutés pour mettre en valeur la céramique et les appareils existants.

Après

Des planchers usés

Lorsque les visiteurs constatent que des revêtements de plancher sont à changer, ils évaluent sommairement à la hausse les coûts qu'exigent leur remplacement et retranchent alors ces coûts du prix demandé. Lorsque le vendeur ne veut pas assumer cette dépense, il en laisse le fardeau à l'acheteur, qui préférera le plus souvent poursuivre ses recherches, à moins d'obtenir une réduction de prix. Il est donc très important de porter attention à l'usure des planchers et d'y remédier, autant que possible.

Tout d'abord, il ne faut jamais camoufler un plancher abîmé sous un tapis ou un meuble puisque le futur propriétaire pourrait vous demander de le dédommager ultérieurement (cela constituerait un « vice caché »).

Pour les planchers de bois, il existe maintenant un procédé qui permet de sabler un plancher et de le vernir à l'aide d'une cire. Pas besoin de quitter la maison ni de vider le garde-manger. Le travail s'effectue en une seule journée, tout dépendant bien sûr de la superficie à sabler.

En ce qui concerne les carreaux de céramique endommagés, il est possible de les remplacer à peu de frais. Le travail doit être accompli par un professionnel, qui est capable de retirer des carreaux sans briser les autres autour. Si vous n'avez pas conservé de tuiles ou qu'il ne vous en reste plus, vous pouvez

Avant

Après

toujours définir un motif et retirer quelques tuiles supplémentaires en les remplaçant par d'autres de couleur contrastante. L'effet pourrait être surprenant !

Enfin, un tapis taché ou endommagé risque de bloquer la vente d'une propriété car il représente un investissement supplémentaire pour l'acheteur potentiel. Idéalement, on procédera au remplacement de celui-ci. Pour quelques centaines de dollars, on peut installer un tapis commercial de couleur neutre qui conviendra tout à fait.

Des portes de garde-robe ou d'armoires manquantes

Un rangement sans porte est toujours une source de problèmes car on peut y apercevoir le désordre qui y règne. Une façon simple et peu coûteuse d'y remédier est d'utiliser une nappe ou tout autre morceau de tissu suffisamment grand pour pouvoir masquer l'ouverture. L'encombrement disparaît par magie !

Des comptoirs de cuisine très usés

Pour éviter d'avoir à remplacer entièrement un comptoir abîmé ou démodé, on peut opter pour la pose d'une céramique. Ce procédé évite de devoir arracher le comptoir, ce qui entraîne souvent des réparations aux murs adjacents ainsi que de la peinture.

Pour ce faire :

✳   on nivèle la surface du comptoir ;

Avant

Modifications apportées

❋ L'espace de rangement à côté du lave-vaisselle a été masqué par une nappe qui s'agence au décor.

Avant

Problématique

✳ Pour remplacer le vieux comptoir de stratifié , il aurait aussi fallu sacrifier une partie de la céramique du dosseret, encore en bon état. On a donc posé de la céramique directement sur le vieux comptoir afin de rafraîchir la pièce.

✴ on installe une céramique d'environ 4 po x 4 po (10 cm x 10 cm) – les tailles plus grandes ne sont pas recommandées pour un comptoir ;

✴ on termine la finition des côtés du comptoir à l'aide d'une moulure décorative.

Dans certains cas, il arrive que la céramique du dosseret et la nouvelle céramique du comptoir soient différentes. On peut alors harmoniser le tout en intégrant des carreaux de la nouvelle céramique au dosseret existant.

Disposer les meubles judicieusement

Même si le mobilier n'est habituellement pas inclus dans la transaction, il importe de l'exploiter de manière à valoriser les espaces. Les meubles en place deviennent alors des outils indispensables pour mettre en valeur le volume des pièces.

✴ Repérez, considérez et utilisez les ouvertures, telles que les portes et fenêtres, ainsi que les éléments intégrés d'une pièce, comme un foyer ou une cavité murale, pour planifier la disposition des meubles.

> « J'aime avoir mes meubles placés ainsi :
> cela convient à mon mode de vie…
> Le prochain occupant pourra bien disposer ses propres
> meubles comme il le veut… »

✱ Créez un centre d'intérêt autour d'un élément clé à valoriser en disposant les meubles autour de celui-ci.

Dans chaque pièce, le mot d'ordre à appliquer est la simplicité. N'hésitez pas à dégager vos pièces au maximum en n'y laissant que le nécessaire. Le visiteur aura ainsi plus de facilité à y disposer mentalement ses propres meubles.

✱ Facilitez la circulation en prenant soin de ne pas obstruer les espaces où l'on doit passer. Laissez suffisament d'espace pour circuler entre les meubles.

Voici quelques conseils pour grouper les meubles :

✱ deux chaises et une table d'appoint peuvent former un coin lecture ;

✱ l'utilisation d'un tapis aide à regrouper certains meubles, comme les fauteuils dans un salon très vaste ;

✱ les canapés ne sont pas obligés d'être collés contre un mur. On peut les placer au centre d'une pièce ou en angle pour créer des zones de vie distinctes.

Bien-être

Homogénéité

Sobriété

Harmoniser le décor

Même si le visiteur n'achète pas le contenu ni le décor, il va sans dire qu'une pièce harmonieusement aménagée suscitera plus d'intérêt. En Home Staging, lorsqu'on parle d'harmonie du décor, on veut dire :

✳ un décor épuré ;

✳ une homogénéité dans les styles, les couleurs ;

✳ une continuité entre les pièces ;

✳ un décor qui reflète le bien-être.

Il arrive fréquemment que l'on ne sache trop par où commencer lorsqu'il est question de changer la décoration pour valoriser la propriété... Voici donc quelques recommandations :

✳ Choisissez un thème.

À partir d'un élément composant le décor, le thème pourra être repris dans l'ensemble de la propriété, surtout si celle-ci est à aires ouvertes. Il vaut mieux privilégier un décor simple et épuré.

✳ Accordez une vocation définie à chaque pièce.

Théoriquement, chacune des pièces devrait avoir une vocation bien définie et n'offrir que deux

> « À quoi bon harmoniser mon décor ?
> L'acheteur pourra le faire lorsqu'il emménagera... »

fonctionnalités tout au plus. Par exemple, on ne devrait pas retrouver un téléviseur, un ordinateur ou un exerciseur dans la chambre. En revanche, si la chambre est assez grande, on pourrait créer une deuxième zone de repos, comme un coin lecture.

✳ Évitez le trop grand nombre de couleurs.

Pour les murs, on favorise plutôt les couleurs neutres et monochromes. Les touches de couleurs pourront être ajoutées avec les accessoires.

✳ Illuminez les pièces.

L'ambiance est souvent créée par les jeux d'ombre et de lumière que permettent les différents luminaires, et cela, même en plein jour. Installez des lampes murales et des chandeliers, disposez des lampes sur pied et des lampes de table en des endroits appropriés.

Avant

Modifications apportées

* La literie très colorée a été remplacée par un couvre-lit plus sobre, des coussins et un jeté.

* On a fait disparaître la tête de lit démodée et le tableau.

* Des lampes et des tables d'appoint ont été ajoutées de chaque côté du lit.

* On a tiré le store et allumé les luminaires afin de maximiser la luminosité.

Après

Avant

Après

✳   Trouvez le point focal.

Dans chacune des pièces, sélectionnez un élément en particulier pour en faire un point de mire afin d'éviter que le regard ne se disperse. Dans la salle de bain, par exemple, on peut disposer un arrangement floral pour détourner le regard de la cuvette. Dans la chambre, le lit doit être le centre d'intérêt de la pièce ; on choisit donc une belle literie, et on agrémente le tout de jolis coussins et de jetés.

✳   Ramassez les traîneries.

En tout temps et dans toutes les pièces, le désordre est à éviter. Choisissez un tiroir pour y classer la pape-rasse et mettez tout ce dont vous n'avez pas besoin dans une boîte que vous remisez. Attention par contre de ne pas surcharger les garde-robes !

✳   Sélectionnez avec soin les objets décoratifs.

Il est préférable de choisir et de disposer avec soin quelques accessoires décoratifs qui s'agencent harmonieusement plutôt que d'éparpiller une pano-plie de bibelots dénués d'intérêt.

Centre d'intérêt

Accessoire

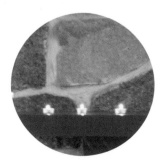

Ambiance

La création d'ambiance

Lorsqu'un acheteur potentiel visite une propriété, il sait que les accessoires décoratifs et les meubles ne sont habituellement pas inclus dans la transaction.

En revanche, on sait que peu d'acheteurs sont capables d'entrevoir le potentiel d'une propriété lorsqu'elle n'est pas présentée sous son meilleur jour. Au-delà de leur fonction esthétique, les accessoires contribuent à l'impression de bien-être de l'ensemble. Ils représentent la touche finale, le petit détail dont le raffinement sera peut-être ce qui séduira l'acheteur et le fera craquer. Une pièce sans harmonie ne séduira pas l'acheteur, qui cherche inconsciemment à éprouver un coup de cœur lorsqu'il visite une maison. Une pièce joliment décorée lui suggérera sans effort d'imagination une ambiance de détente et un mode de vie agréable.

Comment y arriver ?

Il n'est pas toujours nécessaire de changer radicalement les couleurs et les styles. Parfois, un simple accessoire peut servir de point de départ à tout un concept de décoration. Aussi discrets soient-ils, ces objets, souvent omniprésents, peuvent servir de base à la conception d'une décoration rafraîchie. Un tableau, un tissu, une lampe, un vase, une toile,

Les accessoires essentiels pour créer une ambiance :

* les paniers en osier ;

* les serviettes et accessoires de salle de bain ;

* les coussins ;

* les draps et les housses de couette ;

* les housses de fauteuils et chaises ;

* les nappes et les couverts décoratifs ;

* les miroirs ;

* les lampes d'appoint ;

* les chandelles.

un miroir, une douillette ou même une plante peuvent donner des pistes pour élaborer ou inspirer un nouveau décor. Un bon point de départ consiste à inventorier les objets que l'on possède, après quoi on détermine ceux qu'on souhaite utiliser et on les intègre au décor.

Les accessoires décoratifs doivent être groupés par trois ou cinq et disposés selon leur forme, leur essence ou leur couleur en un point culminant ou encore afin d'agrémenter un point de mire dominant la pièce. Chaque regroupement a pour principe la couleur des objets, leur style ou leur forme.

Chapitre 2

Le Home Staging, pièce par pièce

Les quatre-vingt-dix premières secondes d'une visite

On a une seule chance de faire une bonne première impression !

C'est dans les quatre-vingt-dix premières secondes de la visite que l'acheteur se fait une opinion des lieux. Par conséquent, il va sans dire que les premières pièces qu'il visite sont les plus importantes. Votre planification stratégique devra en tenir compte, car si le visiteur a une mauvaise impression des lieux dès le début de sa visite, il s'enfermera définitivement dans une bulle négative. C'est d'ailleurs probablement par politesse qu'il persistera jusqu'au terme de la visite, son esprit étant déjà occupé par la prochaine maison sur sa liste. Auprès de son agent, il masquera son malaise par quelques commentaires nébuleux. À l'inverse, si le visiteur éprouve une impression favorable dès le premier abord, il sera plus enclin à la transposition mentale et ses sentiments seront positifs. Vous avez donc tout intérêt à porter attention aux détails !

L'extérieur

Quelques conseils

* Ramassez les jouets qui traînent.

* Désherbez les plate-bandes.

* Rangez les outils de jardinage.

Il importe de se rappeler que ce qui compte d'abord, c'est ce que l'acheteur verra en tout premier lieu. C'est donc dire que la vue extérieure de votre propriété est déterminante dans une large mesure. Le visiteur doit avoir envie de visiter votre maison. C'est pourquoi il est très important de faire en sorte que l'extérieur de votre maison soit impeccable. Le terrain doit être propre et bien entretenu. À l'intérieur, la propreté doit également régner ; les revêtements de sol doivent être en bonne condition. Pour une meilleure visibilité le soir, on s'assurera que l'éclairage est adéquat et met en valeur la propriété.

Lorsque vous analyserez l'extérieur, commencez par circuler lentement devant la maison afin de bien discerner le point de vue qu'auront les acheteurs potentiels. Voici les points importants à passer en revue :

✳ la maison doit être visible de la rue et sa vue ne doit pas être obstruée par de trop nombreux arbres ;

✳ il faut s'assurer que la maison ne présente aucun bris apparent et que les revêtements sont en bon état, tant sur les murs et les planchers que sur les fenêtres, la toiture et les gouttières ;

✳ la façade de la propriété doit former un ensemble esthétique. Souvenez-vous que la porte d'entrée en est le cœur. Elle doit donc être mise en valeur.

Trouver le point focal

Tout comme à l'intérieur, on doit trouver à l'extérieur un centre d'intérêt, lequel devrait toujours être la porte d'entrée principale. Malheureusement, les éléments architecturaux mettent parfois la porte en retrait. On peut toutefois très bien s'en sortir par de petites astuces, par exemple par une couleur vive ou par l'ajout de deux plantes en pot de part et d'autre de la porte.

Avant

Après

Après

Avant

Modifications apportées

* Les portes et les volets ont été rafraîchis.

* La rampe du balcon a été réparée et peinturée.

* On a ajouté des paniers de fleurs suspendus pour rendre le premier coup d'œil plus chaleureux.

* Les plate-bandes ont été désherbées et garnies de nouveaux végétaux.

Le hall d'entrée

Le hall d'entrée est la première pièce qu'on voit. C'est par celle-ci qu'on peut se faire une idée de l'apparence générale de la propriété. Il est donc très important qu'elle soit accueillante et harmonieuse.

Dans la plupart des résidences, le vestibule est de dimension modeste. Il importe donc de l'aménager de manière à donner une impression d'espace. De façon générale, on évitera d'y installer du mobilier

Après

Avant

Modifications apportées

✳ Le haut du garde-robe a été désencombré.

✳ Les photos de famille ont été retirées des murs.

✳ Le lustre démodé a été remplacé par des lumières halogènes.

✳ Les murs ont été repeints d'une couleur contrastante mais neutre afin d'accentuer la hauteur des plafonds.

et on recourra aux couleurs, à la lumière ainsi qu'aux encadrements et aux miroirs pour le faire paraître plus grand qu'il ne l'est.

Les grands vestibules, en revanche, se prêtent bien à l'installation d'une table, d'une chaise ou d'une plante. On profite ici de l'espace pour donner une vocation à la pièce. Par exemple, on peut y placer un banc ou une jolie chaise destinée aux visiteurs qui veulent s'asseoir pour retirer leurs bottes. Un miroir, une table et une lampe pourront composer un point focal qui rendra la pièce vivante.

Si l'entrée est dépourvue de vestibule, il vous sera possible d'en créer un à l'aide d'un paravent et de l'aménager de la même manière.

L'éclairage

Pour produire une ambiance accueillante dans le vestibule, on y ajoutera, si l'espace le permet, une lampe de table en complément du plafonnier. Certes, ce dernier diffuse une lumière fonctionnelle, mais il n'offre aucune chaleur. La lampe viendra donc y suppléer sur ce plan. À défaut d'espace suffisant, on pourra poser un plafonnier directionnel muni d'ampoules halogènes. Ainsi, on pourra diriger la lumière vers les faire-valoir de la pièce (miroir, encadrement, éléments architecturaux ou autres).

Le salon

Cette pièce étant l'une des plus visibles de la maison, il convient de la rendre invitante, conviviale et confortable au maximum. À cette fin, on doit attacher un soin particulier à l'aménagement du mobilier et à la composition d'un point focal.

Trouver le point focal

À moins qu'il ne soit adjacent à une grande fenêtre ou à un élément architectural spectaculaire, le point de mire habituel d'un salon est le foyer. Le cas échéant, l'aménagement doit en tenir compte. Pour le mettre davantage en évidence, on doit épurer son pourtour et s'assurer que tous les éléments avoisinants le mettent en valeur. Par exemple, on doit analyser les couleurs murales et s'assurer qu'elles rehaussent le revêtement du foyer. Dans le cas contraire, on devra effectuer les mises au point qui s'imposent. Si le foyer est muni d'une tablette ou d'un manteau, on évitera de le surcharger, afin de

mettre en valeur son habillage. On s'assurera aussi de placer le mobilier en fonction de ce dernier pour un meilleur coup d'œil.

Le manteau de la cheminée offre un emplacement de prédilection pour y disposer des accessoires de choix. Par souci d'harmonie, on rassemblera les accessoires selon leur style et leur forme : en nombre impair s'il s'agit d'objets dissemblables et par paires s'ils sont similaires. Si les objets déjà en place occupent un espace suffisant ou si l'espace est restreint entre la tablette et le plafond, mieux vaut ne rien y mettre. Si le foyer est flanqué de fenêtres, on évitera de les surcharger d'habillages qui lui voleraient la vedette.

À défaut de foyer, on pourra créer un centre d'intérêt à l'aide d'une composition murale, d'une toile ou de tout autre accessoire mural. Ou encore, le centre d'intérêt pourrait très bien être un « coin causerie » formé par la réunion des causeuses, fauteuils et tables, le tout agrémenté d'accessoires décoratifs suggérant la convivialité.

Le téléviseur ne doit jamais être le centre d'attraction du salon, mais plutôt se fondre harmonieusement dans le décor, sans le surplomber. Plus la pièce est restreinte, plus on optera pour de petits appareils afin d'optimiser l'espace. Placer un meuble d'appoint en angle permet de gagner un espace remarquable. Lorsque c'est possible, on recommande d'installer le coin télé dans une autre pièce.

Circulation

Luminosité

Accessoires

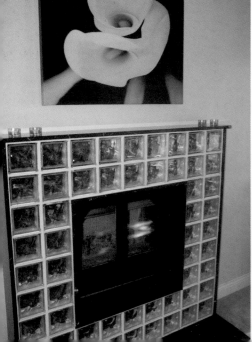

Point focal

Éclairage

Objets choisis

Après

Avant

Modifications apportées

* Le salon était meublé à moitié. On a donc fait disparaître les gros meubles encombrants et on a intégré un sofa et des tables d'appoint ainsi que plusieurs éléments de décoration qui manquaient (coussins, housse, cadre, lumières, etc.).

* Des chandelles aromatiques et une musique douce complétaient l'ambiance lors des visites.

Les accessoires

Dans le séjour, un panier permet de ranger tous les journaux et magazines. On peut créer une ambiance à l'aide de coussins et de housses sans changer le mobilier existant. Lorsque les jetés ne suffisent pas à camoufler un fauteuil usé, mieux vaut utiliser une housse ajustable. Une grande panoplie de modèles est disponible chez plusieurs détaillants et leur effet est remarquable !

Les meubles défraîchis

Afin de remplacer les meubles désuets, on peut utiliser les services de compagnies qui se spécialisent dans la location de meubles, solution abordable et pouvant s'effectuer sur une base mensuelle. On peut aussi se procurer des housses de sofa de dimensions et de couleurs variées dans la plupart des magasins à grande surface.

La cuisine

La cuisine ainsi que la salle à manger sont les pièces centrales d'une résidence. On doit donc les mettre en valeur en les décorant au goût du jour, tout en les rendant agréables et invitantes.

Le mot d'ordre général à suivre est l'élégance dans la simplicité. Une cuisine doit être propre, bien rangée et harmonieusement décorée. Vos premières préoccupations doivent aller en ce sens. On conseille donc

de ranger tous les petits électroménagers et de ne laisser sur les surfaces utilitaires que des objets décoratifs tels que de belles bouteilles d'huile, des assiettes de fruits frais, ou encore une belle cafetière ou un joli support à épices.

La propreté

La cuisine est une des pièces les plus importantes du point de vue de la propreté. Il ne s'agit pas ici de nettoyer sommairement, mais plutôt de s'assurer que la cuisine est parfaitement propre ! Certains visiteurs inspectent tous les petits recoins afin de voir si on a bien entretenu les lieux. Soyez vigilant !

Trouver le point focal

C'est par les armoires et les surfaces de travail que le regard devrait être attiré dans la cuisine. Trop souvent, on perd de vue ce principe à cause de

l'encombrement des comptoirs et de l'ajout trop fréquent de décorations murales disparates. Lorsque vous planifiez vos mises au point, pensez à dégager et à épurer la cuisine au maximum. Vous verrez la différence sur-le-champ !

La dépersonnalisation

Voici les éléments qui ne devraient jamais figurer dans la cuisine d'une propriété à vendre :

* des notes, des photos ou des publicités apposées sur le réfrigérateur ;

* des médicaments, des vitamines ou d'autres articles personnels sur les comptoirs ;

* des factures, des comptes bancaires et de la paperasse personnelle ;

* une grosse poubelle ;

Avant

Après

Problématiques

✻ Le comptoir est complètement engorgé : séchoir pour la vaisselle, micro-ondes, couteaux, grille-pain, plante, etc.

✻ Le luminaire est démodé.

✻ La fenêtre est dénudée.

* des animaux domestiques en cage (oiseaux, reptiles ou autres) ;

* une litière pour les chats ;

* de la vaisselle sale ;

* des produits nettoyants ;

* des cendriers sales ;

* des boîtes de papiers-mouchoirs.

La modernisation

Il est impératif de moderniser une cuisine désuète, sinon l'acheteur potentiel se verra obligé à une dépense majeure. Voici les éléments d'une cuisine qui peuvent être à remplacer pour sa mise en valeur :

* Les armoires

En raison de ce qu'il en coûte, le remplacement des armoires est peu recommandable en Home Staging (sauf, notamment, dans le cas de la propriété de

Désencombrement

Propreté

Dépersonnalisation

prestige). En revanche, on peut toujours les rafraîchir en les repeignant. Il existe sur le marché des produits de peinture qui peuvent adhérer à presque toutes les surfaces, notamment à la mélamine. Informez-vous auprès de votre détaillant au sujet des bonnes peintures et de la préparation nécessaire pour obtenir un résultat optimal.

✳   Les comptoirs

Les surfaces de travail désuètes ou endommagées peuvent être changées ou, dans certains cas, repeintes. Pour éviter les dépenses majeures, on remplacera un comptoir de stratifié usé par un autre de ton neutre et au goût du jour. On évitera d'investir dans les revêtements nobles comme le marbre, le granit ou le corian, car ceux-ci sont trop coûteux pour que votre investissement puisse être récupéré à la revente. Si la surface à couvrir n'est pas trop grande, on pourra opter pour des carreaux de céramique de 4 po x 4 po ou de 6 po x 6 po (10 cm x 10 cm ou 15 cm x 15 cm). Mais attention aux frais de main-d'œuvre! Les coûts d'installation peuvent varier entre 3 $ et 4 $ le pied carré.

✳   Le dosseret

Une cuisine dépourvue d'intérêt peut facilement être rehaussée avec le simple apport d'un dosseret décoratif. Dans la plupart des cas, on recourt à de la petite céramique pour ajouter de la couleur et de la texture, ce qui, bien souvent, suffit pour rajeunir la pièce.

Avant
Après

Problématiques

✳ Les armoires de mélamine blanches accusent leur âge.

✳ Le comptoir et les poignées sont d'une couleur démodée.

✳ La bande de tapisserie attire le regard, alors que le regard devrait porter sur les plans de travail ou les armoires.

Avant

Après

Nouveau comptoir

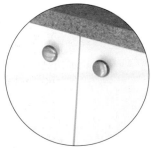

Nouvelles
poignées

Dosseret
en céramique

Problématiques

✳   La cuisine est trop sombre.

✳   La cuisine est terne, elle manque de couleurs.

✳   Il n'y a pas d'accessoires décoratifs.

✳   L'espace est mal utilisé.

Avant

Après

Mise en scène

Luminosité

Accessoires

Modifications apportées

✳ Le lustre a cédé sa place à un modèle plus récent.

✳ Les armoires ont été rajeunies.

✳ La céramique du dosseret a été peinte.

✳ La hotte du poêle a été peinte d'une couleur plus sobre.

✳ Les comptoirs défraîchis ont été remplacés.

✳ Les plans de travail ont été désencombrés.

Avant

Après

Modernisation

Éclairage

Accessoires

Après

Avant

Problématique

✳ La céramique à l'allure champêtre du dosseret
ne cadrait tout simplement pas avec le style de la
demeure, très moderne, ni avec les comptoirs
gris et les armoires blanches.

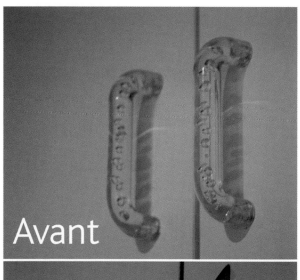

Avant

Après

* Les poignées des armoires

Des poignées démodées donnent de l'âge à une cuisine. Il est pourtant facile et abordable de la mettre au goût du jour par le simple apport de jolies poignées – et pas besoin d'être bricoleur pour changer les poignées, un tournevis suffit ! En visitant les magasins à grande surface, vous trouverez une large panoplie de poignées décoratives de tous genres, et cela à prix variés. À vous de bien répartir votre budget. Le coût des poignées peut aller de 1,50 $ l'unité à plus de 20 $. Vous trouverez de jolis modèles à moins de 3 $, ce qui fait que pour moins de 100 $, vous pourrez remplacer les 20 à 30 poignées que compte une cuisine moyenne.

L'éclairage

Dans une cuisine, les surfaces de travail doivent être pourvues d'un bon éclairage. Idéalement, une cuisine comportera les luminaires suivants :

* des appareils intégrés sous les armoires ;

* des appareils fixés sur le dessus des armoires ;

* des encastrés dirigés sur toutes les surfaces de travail et sur l'évier.

Les ventilateurs et plafonniers au centre de la pièce sont à proscrire. Pour remplacer à peu de frais ces appareils, on pourra recourir à un rail muni de projecteurs halogènes qu'on dirigera sur les armoires de cuisine, ainsi qu'à de petits lumi-naires qu'on installera sous les armoires. La pièce aura ainsi meilleure allure et paraîtra plus fonctionnelle.

La salle à manger

La salle à manger doit être conviviale et élégante. On les aime classiques, distinguées, épurées et chaleu-reuses. Trop souvent, on laisse notre mode de vie envahir cet espace et le résultat est parfois désolant. Ce qui est pratique dans le quotidien n'est pas néces-sairement de mise lorsque vient le temps de préparer sa maison pour la vendre.

Les acheteurs ne devraient pas voir les objets de la vie quotidienne (clés, factures, etc.) ni devoir imaginer le potentiel qu'offre la pièce en question alors qu'elle sert à d'autres vocations (bureau, salle de séjour, etc.).

Voici quelques éléments qui font toute la différence :

❊   le désencombrement ;

❊   la présentation de la table ;

❊   l'ajout d'un luminaire élégant ;

❊   la valorisation de la porte-fenêtre grâce à un habillage de fenêtre chic.

Trouver le point focal

Le centre d'intérêt est évidemment la table. Elle sera davantage mise en valeur si elle est surplombée d'un joli lustre suspendu. Si on dispose d'un grand mur, pourquoi ne pas y accrocher une grande toile éclairée par un faisceau lumineux ? Tous vos efforts seront appréciés !

Les accessoires

Pour rajeunir le mobilier de salle à manger, on peut se procurer de jolies housses de chaises et habiller la table d'une nappe ou de napperons. Il ne vous restera qu'à mettre quelques couverts sur la table afin de créer une atmosphère de convivialité. Le tour sera joué !

Avant

Après

Après

Avant

Modifications apportées

✳ Le mobilier de salle à manger qui datait d'une autre époque a été remisé puis des meubles en bois plus sobres ont été intégrés.

✳ Le ventilateur par-dessus la table ne cadrait pas avec le décor ; il a été remplacé par un lustre.

✳ Les murs ont été peinturés d'une couleur chaleureuse.

✳ Les objets de la vie quotidienne ont disparu et on a concocté une mise en scène appétissante.

Avant

Encombrement

Couleurs contrastées

Articles personnels

Dénuement

Couleurs neutres

Mise en scène

Après

Problématiques

✳ Le buffet est surdimensionné et accapare tout l'espace.

✳ La couleur des murs est trop vive pour une salle à manger.

✳ Le décor est encombré de 1 001 articles de décoration et d'objets personnels.

✳ Le ventilateur blanc au plafond, démodé et ne convenant pas à une salle à manger.

✳ Les stores verticaux.

Avant

Après

Désencombrement

Éclairage

Rideaux

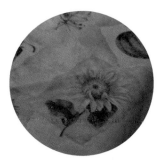

Accessoires

Éclairage

Mise en scène

Les salles de bains ou les salles d'eau

Au même titre que la cuisine, on mise ici sur la propreté et l'élégance simple. La salle de bain ou la salle d'eau doit favoriser la détente et le bien-être. Habituellement de dimension modeste et dépourvue de fenestration, cette pièce doit être aménagée avec goût. Dans l'élaboration de son décor, on s'inspire des aménagements faits dans les restaurants. Les salles d'eau doivent être à la fois fonctionnelles et harmonieusement décorées. Les mêmes règles de dépersonnalisation, de modernisation, de propreté et d'éclairage s'y appliquent. La salle de bain doit avoir l'allure d'un spa ou encore d'une salle de bain d'hôtel !

La dépersonnalisation

À éliminer de la vue :

* les articles d'hygiène et les produits sanitaires ;

* les médicaments ;

* la brosse à cuvette, le débouche tuyau ou les produits nettoyants ;

* les revues ;

* les brosses à dents et à cheveux ;

✳ les bouteilles de shampoing ou de savon déjà entamées ;

✳ les rasoirs ;

✳ les produits de beauté ;

✳ les rideaux de douche sales ou tachés ;

✳ les appareils électriques (séchoir à cheveux et autres).

La propreté

Les acheteurs sont très sensibles à la propreté de la salle de bain : elle doit donc être immaculée et sans tache. On essuie les portes de douche, on enlève les cernes du bain, on nettoie les lavabos et les planchers et on s'assure qu'il n'y a pas de traces de moisissure ou d'humidité sur les murs. Dans le cas de la salle de lavage, si la laveuse et la sécheuse ne sont pas dissimulées dans un garde-robe, il est primordial de les garder le plus propre possible.

Le désencombrement

Les salles de bain sont souvent surchargées : corbeille à linge, serviettes pour tous les membres de la famille, tapis de bain, housse sur la toilette, etc. La salle d'eau, qui fait aussi parfois office de salle de lavage, n'échappe pas à cette problématique et les détergents et autres produits sont laissés à la vue. Pour rendre ces espaces de vie plus agréables, il importe de les désengorger au maximum et de ranger tout ce qui peut l'être dans les armoires ou les penderies.

Les accessoires

Pour donner une allure de spa à la salle de bain, certains accessoires s'imposent. On peut garnir des paniers avec des serviettes roulées et de petits savons décoratifs pour créer plus d'ambiance. Pour une allure d'hôtel, les serviettes doivent être impeccables et de couleurs assorties au décor. Sinon, on peut utiliser des serviettes blanches, qui s'agenceront à tous les types de décors. Les

Quelques accessoires incontournables

❋ De belles serviettes assorties.

❋ Des huiles de bain et des petits savons décoratifs.

❋ Des paniers (pour y placer des débarbouillettes ou serviettes roulées).

❋ Porte-savon et verre décoratifs.

❋ Des chandelles (pour créer une ambiance feutrée).

❋ Des rideaux qui ont du style.

❋ Un miroir spectaculaire.

❋ Des rideaux de douche neufs.

rideaux de douche sont peu coûteux et donnent le ton à la pièce. Le blanc demeure la couleur la plus pratique.

L'éclairage

L'éclairage a pour effet de mettre en évidence des éléments particuliers que l'on souhaite valoriser, comme un encadrement thématique intéressant ou un beau vase de fleurs naturelles. L'éclairage devra être adéquat près du lavabo et du miroir. Des appliques murales ou des chandeliers fixés de chaque côté d'un miroir donneront un aspect plus intime à la salle de bain. Les chandelles disposées près de la baignoire créeront, quant à elles, une douce ambiance de relaxation.

Serviettes assorties

Décor

Désencombrement

Avant

Après

Modification apportée

* On a éliminé le fouillis et on a rangé les objets dans de jolis paniers décoratifs.

Après

Avant

Modifications apportées

✳ Le store opaque a été remplacé par un revêtement en osier qui laisse filtrer la lumière.

✳ Les murs ont pris une teinte neutre et douce.

✳ On a intégré des serviettes immaculées et des
   chandelles.

Après

Avant

Modifications apportées

❋ Le fouillis a disparu ; les objets personnels ont été remplacés par quelques articles choisis de décoration.

❋ La céramique bariolée a été peinturée.

❋ On aperçoit un nouveau rideau de douche pimpant.

La chambre à coucher principale

Les chambres doivent être invitantes et relaxantes. Le mobilier en place doit être bien proportionné aux dimensions des pièces.

Trouver le point focal

Le centre d'intérêt de la chambre devrait être le lit. Aussi celui-ci devrait-il être disposé convenablement dans la pièce et agrémenté d'une jolie literie, de coussins ou de jetés. De plus, afin de bien le faire ressortir, on doit prévoir une ou deux tables de chevet couron-nées de jolies lampes. Pour terminer, on fixe une décoration murale au-dessus du lit, à moins que ce dernier ne soit déjà muni d'une tête imposante, auquel cas il conviendra de laisser le mur nu.

La disposition des meubles

L'élément dominant du mobilier d'une chambre étant le lit, on doit donc y apporter une attention toute particulière, notamment en le plaçant dans le bon angle. Par exemple, pour faciliter la circulation, le lit ne

Avant

Modifications apportées

* On a repeint la bande verticale rouge d'un turquoise plus doux.

* On a remplacé le lit d'allure champêtre par un lit plus moderne convenant mieux à un loft urbain.

* La literie plus vive donne le ton à la pièce.

* Le luminaire directionnel au plafond a été remplacé par un lustre suspendu de style baroque, qui surplombe le lit, et confère à la pièce un *look* très actuel.

Après

devrait jamais être placé en travers de l'accès à la fenêtre. On placera habituellement le lit contre le plus grand mur de la pièce. Dans certains cas, si la pièce est suffisamment grande, le lit pourra être placé en angle. Il devra y avoir assez de place pour mettre au moins une table de chevet, idéalement deux. Si le lit jouxte un mur de fenêtre, il importe que celle-ci ne soit obstruée d'aucune façon. Si la chambre est petite, on privilégie un positionnement perpendiculaire au mur et, lorsque la dimension de la pièce le permet, on peut opter pour une disposition en angle, mais à condition d'avoir assez d'espace pour au moins une table de chevet.

Dans une petite chambre, il est aussi possible de placer le lit parallèlement au mur. De cette façon, on minimise l'encombrement de l'espace. On peut aussi transformer l'habillage du lit de façon à évoquer la forme d'un canapé.

Les décors d'aujourd'hui, aux goûts plutôt éclectiques, nous permettent de combiner les styles. Le plus important pour mettre en valeur la chambre à coucher est de bien y disposer les meubles. Tenez-vous-en au strict minimum. Un lit de dimension appropriée à la pièce, deux tables de chevet et une commode sont suffisants pour l'aménagement de la chambre.

Si la chambre est de grande dimension, mieux vaut créer une zone seconde plutôt que d'éparpiller les meubles. On pourra, par exemple, y faire l'ajout d'un fauteuil ou d'une chaise avec une lampe pour évoquer un coin de lecture.

La dépersonnalisation

Pour assurer la dépersonnalisation, on prendra également soin de mettre hors de la vue les objets suivants :

✳ les collections d'affiches sur les murs ;

✳ les photos de famille ;

✳ les vêtements à la traîne ;

Rideaux accents

Ambiance

Couleurs
complémentaires

✳   les médicaments;

✳   la lecture de chevet;

✳   les verres vides;

✳   les bijoux.

Les accessoires

Pour donner un cachet harmonieux à la chambre à coucher, on y disposera des accessoires de couleur en accent qui s'agenceront agréablement avec les teintes et le style de la pièce. Ne surchargez pas ! Deux ou trois coussins colorés, un bel encadrement au-dessus du lit, une composition de vases sur la commode et peut-être une plante en pot suffiront pour aménager le décor.

Les coussins sont pratiques partout: sur les causeuses, sur les lits ou, dans une chambre d'enfant, à même le sol pour suggérer un coin de détente ou de lecture. En effet, en plaçant trois ou quatre gros coussins sur un petit tapis, on obtient instantanément cet effet. Optez pour des coussins unis ou à motifs sobres.

Le couvre-lit laisse à désirer? Pourquoi ne pas le recouvrir d'une housse de couette? Ou encore, moyennant un coût très raisonnable, pourquoi ne pas

vous procurer un drap plat qui, placé sur le lit en guise de couvre-lit, et accompagné de coussins assortis, donnerait un tout autre aspect au lit ?

Les couleurs

Toujours en tenant compte des couleurs en vogue, on peut retenir que, de manière générale, les teintes naturelles comme les écrus, les beiges, les verts végétaux et les ocres seront idéales pour les chambres.

L'éclairage

Dans les chambres, il convient de tamiser l'éclairage pour produire un effet de repos et de confort. On doit y trouver au minimum trois sources lumineuses. Par exemple :

✻   deux lampes de chevet ;

✻   une lampe sur pied ou une lampe de table placée sur une commode.

À éviter :

✻   les plafonniers ;

✻   les ventilateurs munis de projecteurs dirigeables.

On optera plutôt pour un lustre afin de donner un aspect plus romantique à une pièce qui se veut enveloppante !

Après

Avant

Modifications apportées

* Le tapis a cédé la place à un plancher de bois franc.

* L'édredon trop foncé a été placé du côté du revers… une solution peu coûteuse et efficace !

* Les poupées et les bibelots — trop féminins — ont été remplacés par des objets plus neutres.

* Une des commodes, trop volumineuse, a été entreposée ; les autres meubles ont reçu une cure de jeunesse grâce à un peu de peinture laquée.

Avant

Problématiques

✳ Les voilures de dentelle donnaient un ton trop féminin à la pièce.

✳ On a conservé la majorité des accessoires décoratifs (coussins, lampes, porte-chandelles) mais on a opté pour un couvre-lit plus sobre.

Après

Avant

Modifications apportées

❋ Les murs très sombres ont été repeints.

❋ Le portrait au-dessus du lit a été remplacé par une toile abstraite qui souligne le caractère moderne de la demeure.

❋ Les meubles désuets et imposants ont été remisés afin de maximiser l'espace.

Après

Après

Avant

Les chambres secondaires

La vocation des chambres secondaires varie selon les familles et leurs besoins spécifiques. Voici les utilisations les plus souvent rencontrées :

✳   chambre d'enfant ;

✳   chambre d'adolescent ;

✳   bureau ;

✳   pièce de rangement.

Les chambres d'enfants sont souvent thématiques, de manière à refléter leurs goûts intimes (animaux, princesses, dinosaures, etc.). Il faudra donc s'assurer de dépersonnaliser le décor au maximum, pour le rendre le plus neutre possible.

Les adolescents adorent quant à eux faire de leur chambre un refuge personnel pour se prélasser en écoutant de la musique ou passer du temps avec leurs amis. On y retrouve souvent des couleurs vibrantes ou très foncées qui contribuent à personnaliser la pièce. Afin que la chambre revête un caractère plus accessible, les interventions suivantes seront de mise : désencombrer, repeindre et harmoniser le décor.

Quoi qu'il en soit, lorsqu'on veut présenter sa maison sous son meilleur jour, on s'assure que la vocation des chambres secondaires respecte les goûts de la clientèle cible. Votre agent immobilier sera en mesure de vous renseigner et de vous dire si votre secteur est davantage attirant pour :

* les familles avec de jeunes enfants ;

* les familles avec des adolescents ;

* les couples sans enfant (jeunes professionnels) ;

* les couples sans enfant (retraités).

Peu importe votre statut, et celui de votre acheteur potentiel, sachez qu'à la base, il suffira d'effectuer un bon désencombrement, de nettoyer scrupuleuse-ment, de rafraîchir le décor et de réparer les bris pour présenter la chambre comme il se doit. Dans certains cas, si cela ne dérange pas outre mesure le mode de vie des occupants, on suggérera de modifier la voca-tion de certaines pièces comme par exemple un bureau qui pourrait devenir facilement une chambre ou, encore, une chambre d'ami qui aurait avantage à devenir un bureau dans un secteur urbain...

À proscrire :

* les décors à thématique ;

* les couleurs trop vibrantes ;

* les affiches sur les murs ;

* les jouets ou les peluches à profusion.

Avant

Après

Après

Avant

Accessoires

Couleurs froides

Lumière

Après

Avant

Problématiques

* La couleur des murs était trop vive.

* Le lit se trouvait mal positionné, dans un coin et empiétant sur une fenêtre.

* La chambre regorgeait d'articles personnels, de souvenirs et de photos.

* Le store, trop terne, ne mettait pas la fenêtre en valeur.

Après

Avant

Modifications apportées

* Le lit a été positionné sur le mur opposé, ce qui offre un meilleur point de vue en entrant dans la pièce.

* Parfois, il suffit seulement d'un vrai bon ménage afin de mettre une pièce en valeur !

L'espace bureau

Il est important de prévoir un espace de bureau car presque tout le monde possède maintenant un ordinateur à la maison. Si vous utilisez un appareil portable sur la table de cuisine et n'avez pas prévu d'endroit spécifique, il vous faudra d'abord déterminer le meilleur emplacement afin de l'aménager comme tel.

Le désencombrement

Les espaces de bureau apparaissent souvent encombrés, notamment en raison de la paperasse et des nombreux fils qui relient les différents appareils. Si vous ne vous servez du télécopieur et du numériseur d'images qu'à l'occasion, remisez-les pendant la période de la vente de votre maison afin de libérer de l'espace et du filage.

Voici quelques-unes des problématiques qui sont souvent rencontrées :

✳ un encombrement de paperasse ;

✳ des objets ou des meubles à vocations variées ;

✳ des étagères surchargées ;

✳ un éclairage inadéquat ;

✳ des fils trop nombreux (poste d'ordinateur, téléphone, chargeur de piles, imprimante, lampes, etc.).

Les modifications doivent faire en sorte que la pièce respire le calme, le bien être et l'harmonie afin que le visiteur puisse s'imaginer être installé confortablement à son ordinateur, dans un contexte dépourvu de stress.

Avant

Après

Le sous-sol

Le sous-sol réserve souvent de désagréables surprises telles que des odeurs d'humidité, des coins sombres ou des pièces non aménagées qui servent de débarras. En immobilier, on doit maximiser l'espace habitable et donner à chaque pièce une vocation bien définie. L'ajout d'un bureau ou d'une chambre supplémentaire au sous-sol accroîtra certainement l'attrait de la propriété.

Certains sous-sols n'ont pas de vocation précise. On y retrouve un poste d'ordinateur, des articles d'entraînement, des jouets, une salle de lavage, un cinéma maison, une cave à vin, une fournaise. Bref, de tout pour tous les goûts, parfois dans une seule pièce très encombrée !

Peu de gens prennent la peine d'aménager leur sous-sol, de sorte que parfois tous les éléments sont dispersés le long des murs, donnant ainsi l'impression qu'il y a beaucoup d'espace perdu au centre de la pièce. Afin de présenter la pièce de façon plus harmonieuse et surtout pratique, il est important de diviser l'espace en zones de vie distinctes.

Avant

Avant

Modifications apportées

✳ L'espace a été divisé en deux zones, le coin gym et le coin détente, à l'aide d'un grand store de lattes de bois suspendu au plafond. Ainsi, on crée une cloison psychologique sans recourir à des travaux de rénovation.

✳ On a disposé les articles d'exercice d'un côté de la pièce et, de l'autre, on a installé un téléviseur, des coussins confortables et une table de jeu. Ces items deviennent des repères visuels qui permettent au visiteur de bien évaluer le volume de la pièce.

Après

Après

La couleur

Le choix des couleurs en décoration est, la plupart du temps, affaire de goût et d'esthétique. Mais des spécialistes soutiennent que les couleurs ont une influence sur nos émotions, sur nos humeurs et même sur notre santé.

Il faut toutefois se rappeler que les couleurs ne sont pas perçues de la même façon dans toutes les sociétés et que, par conséquent, leurs effets émotifs varient selon les cultures. Il est donc intéressant de tenir compte des émotions que vous ressentez devant telle ou telle couleur lorsque vous entreprenez un projet de décoration.

Quoi qu'il en soit, en Home Staging, il importe de faire la part des choses. Même si à l'aide de l'agent immobilier on peut dresser un profil de l'acheteur potentiel – est-il marié ou célibataire ? quel est son groupe d'âge ? etc. –, il est impossible de deviner quels seront ses goûts particuliers.

La clé du succès, lorsqu'on choisit les couleurs, réside donc dans le respect des nuances et le dosage des contrastes. Les teintes choisies devront mettre en valeur les éléments architecturaux, dont le foyer, les moulures, les revêtements et, si possible, être harmonieusement agencées avec le

mobilier en place. On favorisera les teintes neutres, car l'acheteur potentiel pourra y assortir à peu près n'importe quel type de mobilier et ainsi avoir le bonheur de pouvoir emménager sans devoir repeindre immédiatement.

Dans certaines situations, on choisira des teintes plus pimpantes afin de donner un peu de chaleur à une pièce tristounette. Si le budget ne le permet pas, il est parfois possible de « limiter les dégâts » grâce à l'ajout d'accessoires décoratifs assortis permettant de créer habilement un effet d'ensemble.

En bref :

✳ Afin de faciliter l'harmonisation générale du décor, il est préférable d'**opter pour une palette plutôt limitée** mais suffisamment diversifiée pour optimiser le cachet de chacune des pièces. Ces palettes ne comportent généralement pas plus de trois couleurs de la même famille et s'accompagnent de couleurs accents.

✳ Dans le cas d'une propriété à aires ouvertes, le choix d'une palette de couleurs dite ton

Couleurs en camaïeu

sur ton, aussi appelée en camaïeu, est primordial pour l'obtention d'un coup d'œil harmonieux.

✱ Les couleurs froides sont conseillées pour les pièces où la détente est recherchée, une chambre à coucher par exemple. En revanche, les couleurs chaudes incitent à la convivialité et conviennent parfaitement aux espaces familiaux, comme le salon ou la salle de jeux.

✱ Il faut comprendre que les couleurs ont la faculté de modifier les dimensions apparentes d'une pièce. Les couleurs chaudes et les teintes foncées ont la particularité de rendre un grand espace plus chaleureux et moins vaste. Donc, pour obtenir le résultat inverse, on recourra à des teintes froides et plutôt pâles. N'hésitez pas à exploiter les couleurs pour redimensionner une pièce avantageusement.

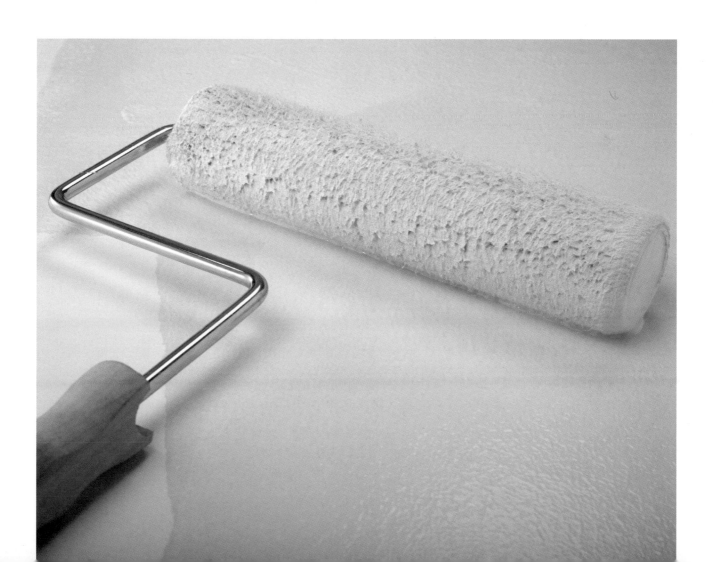

Couleur dominante

Couleur
complémentaire

Couleur accent

Couleurs neutres

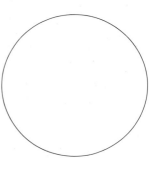

Les finis

Voici les finis les plus souvent utilisés :

* Mat (0 à 5 % de lustre)
  Ce fini est habituellement utilisé pour les plafonds. L'absence de lustre a pour effet de camoufler visuellement les imperfections. Attention, il ne se lave pas et marque facilement. C'est pourquoi on évite de l'appliquer sur les murs.

* Veloûté (5 à 12 % de lustre)
  Fréquemment utilisé pour les murs, ce fini est presque mat et donne un très bel effet. Il est lavable mais non frottable.

* Perle (20 à 30 % de lustre)
  Il peut être utilisé dans les pièces où l'on circule beaucoup (cuisine, salle de bain), mais attention aux imperfections qui deviendront flagrantes ! Le fini perle est souvent utilisé pour les portes, les châssis et les moulures. Il est lavable et frottable.

Il est indéniable que votre choix de couleurs influencera le futur acheteur. Il est donc important de suivre les principes précités. Pour y parvenir, vous devrez peut-être mettre de côté vos préférences personnelles pour tendre vers plus de neutralité, quitte à vous reprendre lorsque viendra le temps de décorer votre prochaine demeure.

Conseils pratiques pour bien choisir les teintes

Une couleur devrait toujours être choisie sur place et de jour. La couleur varie de façon importante selon l'orientation de la pièce, la lumière ambiante, les couleurs avoisinantes et selon l'environnement extérieur. Par exemple, une pièce orientée vers le nord n'aura pas la même luminosité qu'une pièce orientée vers le sud, et la couleur sera modifiée en conséquence. Aussi, s'il y a beaucoup d'arbres à feuillage dense près de la fenêtre d'une chambre, les couleurs ne réfléchiront pas la même nuance.

En Home Staging, il est important de bien sélectionner les couleurs sans toutefois s'y attarder trop longuement – la coloration n'est qu'une partie du travail à effectuer lors de la transformation. Inspirez-vous des suggestions de couleurs, mais continuez à vous fier à votre œil et demeurez objectif.

Couleurs froides

Couleurs chaudes

✳ La présélection

Commencez par visualiser les composantes de la pièce qui y resteront (tapis, fauteuil, literie, etc.) et tentez de repérer un point de départ. Si les couleurs des composantes de la pièce sont vives, optez pour des teintes plus neutres pour les murs mais qui s'agencent harmonieusement. Si la décoration de la pièce manque de couleur, « réchauffez » l'ambiance à l'aide d'une teinte plus soutenue (comme le rouge ou l'orange brûlé). Faites un tri et ne conservez que cinq à six couleurs.

✳ L'analyse

Gardez en main vos couleurs sélectionnées et promenez vos yeux entre les couleurs et les composantes du décor. Faites le même exercice dans tous les angles de la pièce. Vous devriez alors y voir plus clair et être en mesure d'éliminer au moins deux ou trois couleurs de votre présélection. Vous pouvez aussi déposer les couleurs choisies sur un meuble à la verticale. Éloignez-vous et analysez. Laissez vos yeux vous guider !

✳ Le calcul des quantités

Vous pouvez calculer exactement la quantité de peinture dont vous avez besoin en suivant les étapes suivantes :

Mesurez le premier mur à peindre (exemple : 12 pi x 8 pi = 96 pi² ; 3,65 m x 2,43 m = 8,9 m²). Si on y retrouve une fenêtre ou une porte, on doit déduire

À retenir

✳ On dose les contrastes. On travaille plutôt avec une palette ton sur ton et on apporte les doses de couleur grâce à l'ajout d'accessoires décoratifs.

✳ On évite les couleurs foncées dans les pièces sombres.

✳ On réchauffe un décor froid avec l'ajout d'un brin de couleurs plus foncées. Les couleurs foncées peuvent faire paraître une pièce plus petite. Si on les utilise, on doit prévoir un éclairage d'appoint suffisant.

✳ On limite la palette de couleurs. La couleur choisie pour une pièce peut parfois convenir à une autre pièce, ce qui a comme avantage de réduire les frais d'application de la peinture.

✳ On choisit les couleurs sur place. Il est possible de se procurer des échantillons chez le détaillant et de les analyser dans le décor, ce qui diminue le risque d'obtenir de mauvaises surprises.

l'équivalent de sa surface (exemple : 4 pi x 4 pi = 16 pi^2 ; 1,22 m x 1,22 m = 1,48 m^2). La superficie totale du mur à repeindre sera donc de 96 pi^2 - 16 pi^2 = 80 pi^2 (8,9 m^2 - 1,48 m^2 = 7,42 m^2).

On multiplie ensuite le résultat par le nombre de couches nécessaires (habituellement, il faut deux couches pour bien couvrir l'ancienne couleur). Cela donnera donc 80 pi^2 x 2 = 160 pi^2 (7,4 m^2 x 2 = 14,8 m^2).

En fournissant les mesures de vos surfaces à votre détaillant, il sera capable de préparer la bonne quantité de peinture.

L'éclairage

L'ambiance est souvent créée par les jeux d'ombre et de lumière que permettent les différents luminaires, et cela, même en plein jour. En effet, même si la plupart des visites se font le jour, il importe de bien aménager l'éclairage. Les luminaires doivent être allumés afin de bien présenter tous les coins de la propriété, de créer une atmosphère invitante et, surtout, de démontrer aux visiteurs qu'il n'y a rien à cacher !

On doit concevoir un éclairage enveloppant qui baignera toute la pièce. Pour y parvenir avec raffinement et sobriété, on misera sur des appareils de qualité et en quantité suffisante. Installez par exemple des lampes murales et des chandeliers, disposez des lampes sur pied et des lampes de table en des endroits appropriés.

De nos jours, l'éclairage a beaucoup d'importance pour obtenir un décor réussi. C'est un outil indispensable pour créer l'ambiance désirée. On peut dire qu'il représente la touche finale de la mise en valeur d'une pièce en particulier ou d'une résidence entière. L'immense variété de luminaires mis à notre disposition permet de redonner vie aux accessoires ainsi qu'aux meubles qui demeureraient tristement dans l'ombre sans un éclairage approprié.

Afin de révéler son plein potentiel, une pièce doit contenir des sources de lumière suffisantes. Par exemple, dans le séjour ou le salon, on doit compter un minimum de cinq sources de lumière. Dans les chambres, on doit en compter au moins trois, tandis que dans la cuisine et la salle de bain, on attachera un soin particulier à l'éclairage des surfaces de travail et du meuble-lavabo, tout en veillant à ce qu'il n'y ait aucun coin sombre dans la pièce

Dans plusieurs propriétés, toutefois, les pièces sont munies d'un seul luminaire. On se voit alors obligé d'en augmenter l'intensité pour éclairer suffisamment

Les principaux types d'ampoules

* **Halogène**
  Donnant une lumière presque blanche, l'éclairage halogène est celui qui se rapproche le plus de la lumière naturelle à midi.

* **Fluorescent**
  Diffusant une lumière bleuâtre, les ampoules fluorescentes produisent dans certains cas un spectre plus proche de la lumière du jour.

* **Incandescent**
  L'éclairage incandescent se caractérise par une lumière jaunâtre.

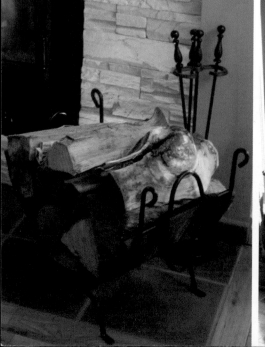

la pièce, ce qui produit un éclairage déséquilibré avec effet de laboratoire au centre et de pénombre aux extrémités. On trouve dans les magasins à grande surface des appareils qu'on peut encastrer ou déposer sur une surface. Ces luminaires possèdent une ampoule halogène de 10 à 20 watts. On peut les placer là où il faut pour éclairer les coins sombres.

Il faut en général de cinq à dix sources de lumière pour obtenir un éclairage équilibré dans la pièce la plus fréquentée de la maison. Lorsque le séjour comporte des luminaires intégrés au plafond (encastrés), l'installation d'un gradateur s'avère essentiel pour tamiser la lumière et créer ainsi l'ambiance recherchée. Il ne restera alors plus qu'à ajouter quelques petites lampes pour compléter le décor.

Pour les luminaires directionnels, on conseille un réglage par gradateur et une bonne orientation des faisceaux. Par exemple, on les dirige vers des faire-valoir tels qu'une toile colorée, un foyer ou un mur de pierre.

Dans une cuisine, les surfaces de travail doivent être pourvues d'un bon éclairage. Idéalement, une cuisine comportera les sources de lumière suivantes :

❋ des appareils intégrés sous les armoires ;

❋ des appareils fixés sur le dessus des armoires ;

❋ des encastrés dirigés sur toutes les surfaces de travail et sur l'évier.

Les ventilateurs et plafonniers au centre d'une cuisine ou d'une salle à manger sont à proscrire. Pour remplacer à peu de frais ces appareils, on peut recourir à un rail muni de projecteurs halogènes qu'on dirige sur les armoires de cuisine, ainsi qu'à

Solutions pratiques pour combler les manques dans l'éclairage du séjour

* Des lampes de lecture.

* Des lampes de table.

* Des appliques murales.

* Des luminaires directionnels.

de petits luminaires qu'on installe sous les armoires. La pièce aura ainsi meilleure allure et paraîtra plus fonctionnelle.

On doit compter au moins trois sources lumineuses dans la salle à manger. Le luminaire suspendu doit être à une hauteur adéquate, soit entre 24 et 36 po (60 et 90 cm) de la table, afin que les convives puissent facilement se voir. On devra toutefois tenir compte de la grosseur du lustre et de son style. Par exemple, un luminaire qui projette un faisceau vers le bas sera placé plus bas que celui dont les ampoules sont tournées vers le haut. En tout temps, on doit éviter de poser un ventilateur au-dessus de la table. Un tel appareil doit être placé haut et ne valorise pas la pièce. Souvenez-vous que la table doit être le centre d'intérêt et que, pour cette raison, son éclairage doit être choisi judicieusement.

À moins que la pièce ne soit munie d'encastrés réglés par un gradateur, les deux autres sources de lumière pourraient être les suivantes :

* une lampe placée sur le buffet ;

* une applique murale qui éclaire un joli tableau ;

* un éclairage intégré à un vaisselier.

L'éclairage a pour effet de mettre en évidence des éléments particuliers que l'on souhaite valoriser,

Après

Avant

Modifications apportées

* On a réchauffé cette pièce blafarde en s'inspirant de la couleur chaude des canapés.

* On a donné le ton à l'aide d'accessoires décoratifs aux tons vibrants.

* Les meubles ont été repositionnés afin d'avantager l'espace.

* L'ajout d'éclairage est venu compléter le décor.

Après

Avant

Modifications apportées

❋ Plusieurs sources lumineuses ont été intégrées, notamment par-dessus le fauteuil et dans le couloir.

❋ Le ventilateur qui éclairait la salle à manger a été remplacé par un lustre positionné assez bas pour bien éclairer la table.

❋ Le feu de foyer ajoute à la luminosité générale.

comme un encadrement thématique intéressant ou un beau vase de fleurs naturelles. Pour ce qui est de la salle de bain, l'éclairage doit être adéquat près du lavabo et du miroir. Des appliques murales ou des chandeliers fixés de chaque côté d'un miroir donneront un aspect plus intime à cette pièce. Les chandelles disposées près de la baignoire créeront, quant à elles, une douce ambiance de relaxation.

Dans les chambres, il convient de tamiser l'éclairage pour produire un effet de repos et de confort. On doit y trouver au minimum trois sources lumineuses. Par exemple :

✱ deux lampes de chevet ;

✱ une lampe sur pied ou une lampe de table placée sur une commode.

À éviter :

✱ les plafonniers ;

✱ les ventilateurs munis de projecteurs dirigeables.

La vocation des pièces : une planification stratégique

Avant de mettre sa propriété sur le marché, il importe de s'assurer que toutes ses pièces auront une vocation précise. Le visiteur ne doit pas se poser de questions sur l'affectation de chacun des espaces de la maison. Cette affectation doit être suffisamment évidente pour être comprise immédiatement par le visiteur pressé.

Elle doit également correspondre au profil de l'acheteur potentiel dans le secteur où se trouve votre résidence. Votre agent immobilier sera la personne la mieux placée pour vous indiquer les grandes lignes de ce profil, puisqu'il connaît bien les propriétés comparables du quartier ou de la localité et les besoins des acheteurs. Il faut donc prendre en considération son compte rendu afin de bien planifier les mises au point à apporter à votre propriété.

Par exemple, dans un secteur prisé par les jeunes familles, la troisième pièce à l'étage devrait peut-être être présentée comme une chambre plutôt que comme un bureau. En revanche, dans un secteur urbain, une deuxième pièce à l'étage devrait peut-être être désignée comme étant un bureau, afin de séduire les jeunes couples de professionnels sans enfant.

Il ne doit jamais y avoir d'ambiguïté à ce sujet : l'acheteur doit savoir exactement à quoi servent toutes les pièces et tous les coins de la maison. On doit à tout prix éviter les questionnements et se rappeler que l'acheteur ne croit que ce qu'il voit. Par conséquent, si ce qu'il voit n'est pas clair, la confusion risque de prendre le dessus et de mettre ainsi en péril vos chances de vendre votre propriété rapidement.

Après

Avant

Problématique

* La chambre à coucher principale comportait trop de vocations différentes qui n'étaient pas en lien avec sa véritable fonction : une aire de repos ! On a donc fait disparaître l'ordinateur ainsi que l'exerciseur, qui accaparaient tout l'espace.

Le centre d'intérêt dans chacune des pièces

Le premier regard qu'on jette sur la pièce est le plus important. On doit par conséquent faire en sorte qu'il y ait un centre d'intérêt, un point focal qui attire le regard. Le point focal est un faire-valoir dont chaque pièce doit être pourvue.

✻ Le point focal peut être un élément architectural, à défaut de quoi on en composera un avec des accessoires décoratifs.

✻ C'est le point focal qui donne tout son effet au premier coup d'œil.

✻ Nos yeux cherchent naturellement un point d'attrait en entrant dans une pièce.

Pour un décor bien équilibré, il importe que chaque pièce de la maison comporte un centre d'intérêt. Lorsqu'une pièce dispose d'un élément architectural

Désencombrement

Centre d'intérêt

Accessoires

Avant

Après

intéressant, c'est celui-ci qu'il convient de mettre en valeur. À défaut d'un faire-valoir architectural, on doit jouer d'astuce.

Dans chacune des pièces, sélectionnez un élément en particulier pour en faire un **point de mire** attirant le regard. Dans la salle de bain, par exemple, on disposera un arrangement floral qui détournera le regard de la cuvette. Dans la chambre, le lit devra être le centre d'intérêt de la pièce. On y arrivera notamment en l'habillant d'une belle literie surmontée de jolis coussins et d'un jeté.

Bien placer les meubles pour avantager l'espace

Miser sur la convivialité et favoriser la circulation

Dans le salon ou le séjour, il est primordial de miser sur la convivialité. Le mobilier sera donc placé en conséquence. La clé pour arriver à bien équilibrer son espace réside dans les regroupements. En effet, une pièce sera moins attrayante si tous les meubles sont alignés le long des murs. Quel que soit le cas, on aura avantage à disposer les meubles en les groupant de façon rationnelle.

Disposition conviviale

Éclairage

Circulation fluide

La disposition des meubles à angle droit consiste à créer un angle de 90 degrés entre deux canapés ou des fauteuils. Elle permet de placer aisément la table basse et les tables de bout, le tout formant un îlot convivial qui peut être obtenu de plusieurs façons. Par exemple, dans un petit séjour, on aura avantage à placer cet îlot parallèlement aux murs, tandis que dans un plus grand séjour, on pourra le disposer en angle par rapport à ceux-ci.

Le regroupement des meubles en parallèle constitue aussi un regroupement convivial et favorable aux réunions entre amis. Ainsi, on pourra facilement placer la table basse au milieu et les tables de bout à l'une ou l'autre des extrémités. Tout comme le regroupement à angle droit, le regroupement en parallèle peut se positionner en angle dans la pièce s'il y a lieu.

Les canapés seront ainsi disposés afin de favoriser les conversations entre amis ou en famille. Mais, encore une fois, on doit faire attention à la surcharge. Il convient de se limiter à un ou deux canapés accompagnés de fauteuils, selon l'espace utilisable. L'ensemble formé par les volumes et l'espace doit être équilibré. Rappelez-vous qu'il est préférable d'en avoir moins que trop !

Les tables permettent non seulement de raccorder canapés et fauteuils mais aussi d'agrémenter l'aménagement avec des éléments décoratifs attrayants, notamment de belles lampes de table. Il importe que la table basse soit placée devant le canapé à une distance à la fois propice à sa fonction et suffisante pour la circulation. Les tables de bout offrent un endroit idéal pour l'installation d'un éclairage d'ambiance ou propre à la lecture.

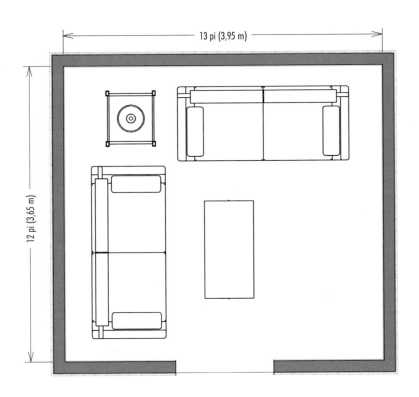

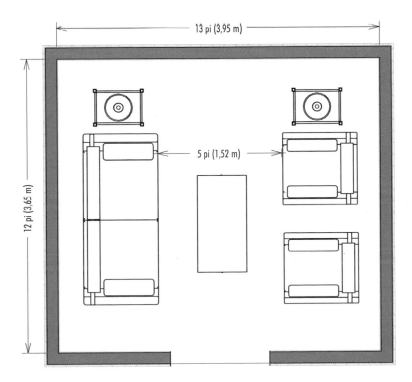

Exemples de disposition pour un petit salon

* Le premier croquis montre une disposition à angle droit.

* Le deuxième croquis illustre un positionnement parallèle convenant parfaitement à un petit salon. Étant donné que l'espace est restreint, on s'assure de laisser suffisamment de place pour circuler entre les canapés (soit environ 20 po — 50 cm — entre la table et le canapé).

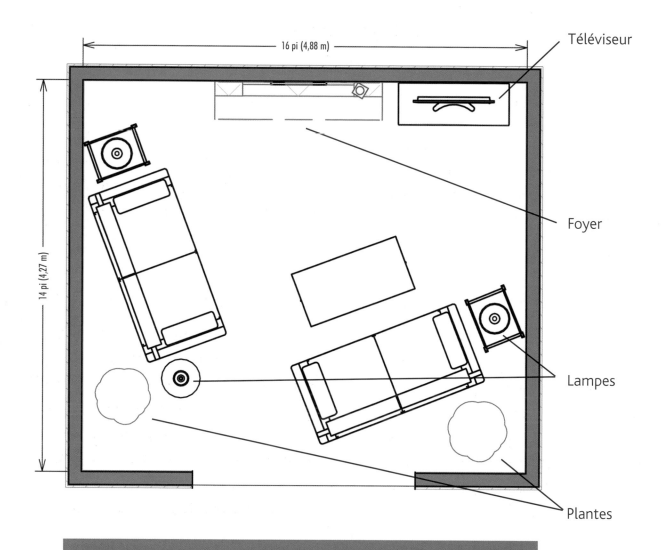

16 pi (4,88 m)

14 pi (4,27 m)

Téléviseur

Foyer

Lampes

Plantes

Exemple de disposition pour un grand salon

* Nul besoin d'appuyer les canapés et les fauteuils le long du mur. Ce qui importe, c'est de garder une distance de moins de 8 pi (2,44 m) entre les canapés afin de favoriser la convivialité.

* Étant donné que l'espace y est suffisant, on a diposé l'îlot de meubles à angle droit en biais dans la pièce.

Les fenêtres

Lorsqu'une personne choisit une propriété, elle n'achète pas une décoration mais avant tout un espace vital. Donc, lorsque vient le temps de planifier l'habillage de fenêtres, il est impératif de déterminer ce qu'on doit mettre en valeur dans la pièce. Le centre d'intérêt doit-il être la fenêtre en tant que telle ? Ou doit-il être la vue ?

Le désencombrement

Avant de faire quoi que ce soit avec la fenêtre, demandez-vous si elle a vraiment besoin d'être habillée. De belles fenêtres avec une vue intéressante seront mises en valeur si on les laisse dénudées, tandis que celles qui sont moins attrayantes ou qui offrent une vue banale auront avantage à être habillées, de façon que le regard en soit détourné.

La modernisation

Les stores verticaux ou horizontaux et les toiles en vinyle n'ont pas tellement la cote et ne mettent pas réellement les fenêtres en valeur. Enlevez-les ou remplacez-les par des rideaux neutres, faits de matières naturelles (tissu, bambou, etc.).

Résolution de problèmes courants

Afin de donner de l'ampleur à ces fenêtres et ainsi avantager la pièce, on installe une tringle qui excédera le cadrage. De cette façon, les panneaux des rideaux s'étendront largement de part et d'autre de la fenêtre et donneront l'impression qu'elle est plus grande. Pour tromper l'œil quant à la hauteur d'une fenêtre, on jouera avec la hauteur de la tringle, ainsi qu'avec la longueur des rideaux. Une

cantonnière fixée juste au-dessus de la fenêtre l'allongera, tout comme un rideau qu'on laissera tomber jusqu'au sol.

À l'opposé, en alignant la cantonnière avec la tête de la fenêtre, vous en diminuerez la hauteur. Pour plus d'effet, les rideaux devront alors se terminer approximativement au même niveau que le bas de la fenêtre.

Prenez le temps de bien mesurer vos fenêtres (leurs dimensions et leur hauteur par rapport au sol). Ainsi, vous serez en mesure de choisir une tringle de longueur adéquate. On trouve sur le marché un bon nombre de panneaux de rideaux de dimensions standard, de stores vénitiens et de stores romains qui peuvent constituer des habillements à fort bon prix.

Souvenez-vous que le peu est mieux que le trop. On évitera donc de surcharger les fenêtres de tissus, de cantonnières envahissantes et de passementeries lourdes. Les acheteurs potentiels n'ont pas nécessairement les mêmes goûts que vous, alors la sobriété est de mise !

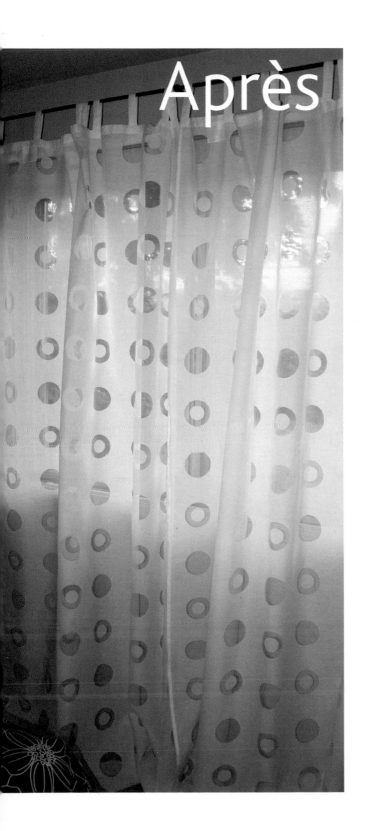

Après

Avant

Problématique

* Une fenêtre surchargée limite la quantité de luminosité dans la pièce, alors qu'un plein-jour préserve l'intimité tout en laissant péné-trer la lumière.

Astuce pour élargir une petite fenêtre

✳ Utiliser une très grande tringle qui dépasse largement de chaque côté de la fenêtre.

✳ Placer les pans de rideaux en prenant soin de les faire excéder de part et d'autre de la fenêtre.

Après

Avant

Problématiques et solutions

❋ Il fallait mettre la fenêtre en valeur ; on a donc disposé les meubles de façon à dégager la fenêtre et on a intégré des rideaux appropriés qui accentuent sa dimension.

Après

Avant

Modifications apportées

✳ En plaçant quatre pans de rideaux, les trois fenêtres ne font maintenant qu'une. Un trompe-l'œil astucieux !

✳ L'ajout d'un tapis a également contribué à mieux meubler le salon et à délimiter le coin détente.

Les tapis

La mauvaise utilisation des moquettes est l'une des problématiques les plus souvent rencontrées en Home Staging. On constate souvent qu'il y a trop de petites moquettes dans une même pièce, ce qui contribue à encombrer visuellement le décor et à créer une atmosphère chaotique. En revanche, les moquettes représentent d'excellents outils pour ajouter de la chaleur et délimiter des zones dans les grands espaces.

Le hall d'entrée

Le tapis doit être petit. Un trop grand tapis dans une petite entrée aura pour effet de créer un aspect oppressant en plus de faire paraître la pièce plus petite. Le tapis devra mesurer à peu près la même largeur que la porte d'entrée afin de faire valoir le revêtement du plancher.

Le salon

On favorise davantage un seul grand tapis. Par exemple, on peut utiliser un tapis de dimension allant de 5 pi x 7 pi (1,52 m x 2,13 m) jusqu'à 9 pi x 12 pi (2,74 m x 3,65 m) pour un salon, selon la grandeur de la pièce et l'importance du mobilier. Attention : il faut toutefois éviter de recouvrir complètement le plancher, surtout lorsqu'on a de beaux revêtements (céramique, plancher de bois franc) à faire valoir. Pour choisir la dimension de la moquette, on peut se

baser sur la dimension du plus grand canapé. La moquette devra être plus ou moins de la même longueur que le canapé.

Pour bien positionner le tapis dans l'espace, on suit tout simplement l'angle du canapé. Lorsqu'elle est très grande, la moquette peut être placée un peu en dessous des canapés. Si la moquette est de dimen-sion plus restreinte, on peut la mettre juste devant, de façon à ce que les gens puissent avoir les pieds dessus lorsqu'ils sont assis.

La salle à manger

La dimension de la moquette doit excéder celle de la table et des chaises qui l'entourent. Pour bien choisir

la grandeur de la moquette de la salle à manger, vous devez mesurer votre table et ajouter un excédent d'au moins 12 po (30 cm). Donc, si votre table mesure 4 pi (1,22 m) de largeur, votre tapis doit mesurer au moins 6 pi (1,83 m) de largeur.

Souvenez-vous qu'il vaut mieux ne rien mettre du tout que d'avoir un tapis de mauvaise dimension.

La chambre à coucher

Dans une chambre, on a les possibilités suivantes :

✱ un grand tapis excédant la dimension du lit, et placé dans le sens inverse ;

✱ deux petits tapis de chaque côté du lit. D'un seul côté dans le cas d'un lit simple.

Si la chambre est très grande, il est possible de créer des zones. Par exemple, un coin lecture où on placera un fauteuil, une lampe, une table et un petit tapis de 4 pi x 5 pi (1,22 m x 1,52 m) ou plus.

Le tapis est un élément indispensable pour créer une ambiance chaleureuse et apporter un confort supplémentaire. Que vous le choisissiez luxueux ou plus modeste, rappelez-vous, avant de faire votre achat, qu'il est essentiel de tenir compte de la grandeur de la pièce et de l'envergure des meubles pour réussir à obtenir l'effet désiré.

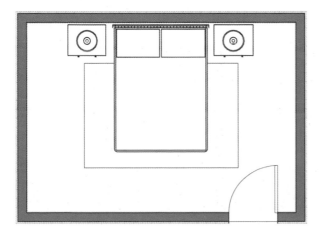

Exemple avec un grand tapis

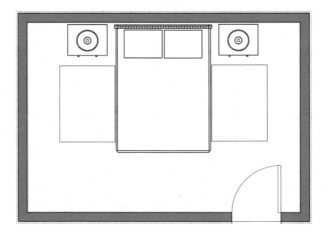

Exemple avec deux petits tapis

Les toiles

La disposition des éléments décoratifs muraux, comme les tableaux et les miroirs, doit respecter des règles bien définies. Afin d'obtenir un résultat heureux, la première règle à suivre est de ne jamais trop accessoiriser un mur et de bien équilibrer son habillage.

Dans tous les cas, les ornements muraux, grands ou petits, seront disposés avec discernement si l'on tient compte de leurs dimensions propres et de l'espace destiné à les recevoir. À cette fin, afin d'éviter les faux pas, on pourra s'en remettre aux trois règles de base que voici :

Trois règles essentielles

✳ Si vous doutez de l'emplacement d'un accessoire mural, rappelez-vous qu'un positionnement à la hauteur des yeux sera toujours une solution prudente.

✳ Un cadre ou une toile de grande dimension devra occuper le plus grand mur d'une pièce et mettra en valeur une pièce vaste.

✳ Les petits encadrements orneront adéquatement un espace s'ils sont rassemblés en un montage approprié.

✳ Peu importe sa taille, un cadre sera agréable au regard s'il est placé 10 po (25 cm) au-dessus d'un meuble.

Housse

Taille et positionnement

Coussin

- En revanche, sur un mur dégagé, un cadre d'une hauteur de 4 pi (1,22 m), par exemple, pourra se placer à environ 3 pi (0,9 m) à partir du sol, si le mur a 9 pi (2,74 m) de hauteur.

- On recommande de ménager des intervalles de 5 pi (1,52 m) entre les œuvres de grande dimension afin de permettre à l'œil de les apprécier comme elles le méritent. Il est donc important que les dimensions de la pièce le permettent.

Chapitre 4

La psychologie de l'acheteur

L'importance de la mise en scène

Une ambiance conviviale qui reflète le bien-être influencera favorablement le visiteur. Elle contribuera à lui présenter la maison comme étant non seulement un produit sur le marché, mais aussi comme une réalité qui lui permettra de satisfaire ses rêves.

« Pourquoi dresser la table avant les visites ?
Le visiteur trouvera qu'on exagère… »

Ainsi, ne craignez pas de lui en mettre plein la vue en dressant la table, en allumant un feu ou des bougies. Les chandelles sont indispensables à la création d'une ambiance. Mais attention : elles ne doivent être allumées qu'en présence des propriétaires.

✳ À moins d'avis contraire, ouvrez tous les stores ou rideaux afin de laisser entrer la lumière du jour.

✳ Allumez des bougies parfumées ou, mieux encore, faites cuire un gâteau, une tarte aux pommes ou des muffins !

✳ Assurez-vous que toutes les pièces sont bien rangées.

✳ Rabaissez le couvercle de la toilette.

✳ Allumez la radio.

✳ En hiver, allumez votre foyer.

Séduire par les sens

On a longtemps privilégié l'apparence, c'est-à-dire la vue, pour rendre un bien attrayant aux yeux des acheteurs potentiels. Le Feng Shui, philosophie chinoise basée sur l'harmonie des éléments, connaît une grande vogue en Occident

et nous fait découvrir l'importance de solliciter tous les sens en marketing. On ne mise plus uniquement sur la vue, on vise plutôt à créer une symphonie sensorielle par un mélange judicieux de stimuli s'adressant aux cinq sens. En bref, on doit donner une envie irrésistible d'occuper les lieux, et on doit se rappeler que l'acheteur a besoin d'être séduit par les sens. Alors, mettez le paquet !

Séduire par la vue

On privilégiera les compositions qui suggèrent un mode de vie. En voici quelques exemples :

✳ Créez de beaux arrangements sur la table de la salle à manger.

✳ Allumez un feu de foyer.

✳ Allumez des bougies dans la salle de bain.

✳ Placez judicieusement un bon bordeaux avec des coupes de vin sur l'îlot de la cuisine.

✳ Laissez un livre dans le coin de lecture du séjour.

Il importe de signaler que, même en plein jour, les luminaires doivent être allumés pour bien mettre en valeur tous les coins de la propriété, pour créer une atmosphère invitante et, surtout, pour démontrer aux visiteurs que les propriétaires n'ont rien à cacher !

Séduire par l'ouïe

On crée une ambiance par la musique en syntonisant des airs de détente à la radio.

Si on a un chien qui a l'habitude de japper lorsque des visiteurs se pointent, on le fait garder pendant les visites ou on l'envoie dehors.

Si notre propriété donne sur un grand boulevard achalandé, jouxte une autoroute, est située près d'un chemin de fer ou d'une zone industrielle et qu'il y a beaucoup de bruit, le mieux est de garder les fenêtres fermées durant la visite. Par contre, si nous habitons près d'un parc ou d'une allée bordée d'arbres, on ouvre légèrement quelques fenêtres afin de laisser pénétrer des bruits apaisants (vent dans les feuilles, enfants jouant à l'extérieur, etc.).

Séduire par l'odorat

C'est prouvé, les odeurs agréables jouent sur les sens et les émotions. Par exemple, les bonnes odeurs de pâtisserie sont réconfortantes. On mettra toutes les chances de son côté en laissant planer de douces odeurs de vanille, d'agrumes, de café ou de viennoiseries.

On doit éliminer les odeurs qui pourraient incommoder le visiteur, notamment :

*   les odeurs de cigarette ;

*   les odeurs d'animaux domestiques (litières non nettoyées, chien mouillé) ;

*   les odeurs de cuisson (oignon, friture, poisson) ;

*   les odeurs d'ordures ;

*   les odeurs d'humidité.

Les animaux ne nuisent pas à la mise en marché de la propriété dans la mesure où ils n'y laissent ni odeurs ni saletés. Dans le cas contraire, on doit y remédier pour ne pas compromettre la vente de notre demeure.

Une fois les odeurs indésirables éliminées, il convient d'embaumer l'air avec un parfum d'ambiance. Il en existe une grande diversité sur le marché. Attention toutefois de bien doser les parfums… Les chandelles aux arômes de cannelle ou de vanille sont un choix judicieux, car en plus de leurs effluves agréables, elles créeront une ambiance propice au bien-être.

On pourra aussi faire bouillir quelques bâtons de cannelle avant les visites ou encore cuisiner des pâtisseries. L'arôme du café frais est également approprié.

Autres moyens de remédier aux odeurs désagréables :

✳   utilisez une lampe Berger ;

✳   disposez des tampons à récurer au sous-sol pour absorber les odeurs d'humidité ;

✳   faites chauffer des rondelles d'agrumes au micro-ondes pendant une ou deux minutes ;

✳   dispersez des feuilles d'assouplissant sous les tapis et les coussins des divans ;

✳   déposez du pot-pourri dans des bols ou des vases décoratifs ;

✳ réchauffez de l'essence de vanille dans une assiette d'aluminium allant au four. Éteignez-le quelques minutes avant les visites.

Il est préférable de laisser les visiteurs tranquilles durant la visite. Profitez-en pour faire une longue marche ou du travail dans le jardin.

Conseils pratiques pour les visites impromptues

Vous ne pouvez prévoir à quel moment un agent voudra faire visiter votre propriété à un client de dernière minute. Chaque jour, avant de quitter la maison pour la journée, assurez-vous que tout est en ordre. Voici quelques conseils à cet effet :

✳ Gardez votre maison propre et bien rangée.

✳ Rabaissez le couvercle de la toilette.

✳ Laissez de la musique jouer durant votre absence (classique, jazz ou rock léger).

✳ Laissez les lumières allumées, surtout dans les pièces sombres et les corridors obscurs.

✳ En hiver, gardez votre entrée déneigée et déglacée.

L'achat d'une propriété, étape par étape

Lorsque vient le temps de mettre sa maison sur le marché, il importe de se questionner sur les motivations d'un acheteur type. En synthétisant les principaux critères de sélection de l'acheteur, on sera plus en mesure de cibler les modifications les plus importantes qu'il faut apporter à notre propriété.

Rappelez-vous lorsque vous étiez vous-même à la recherche d'une propriété. Qu'est-ce qui vous a d'abord séduit en pénétrant dans la maison ? Est-ce que la propriété visitée vous a plu tout de go ? Rencontrait-elle vos critères de sélection ou avez-vous simplement succombé à un coup de foudre ?

Les critères de sélection

Vous avez sans doute déjà été acheteur ; vous savez donc que cette étape est très réfléchie, rationnelle même. L'acheteur type aspire souvent à une maison plus grande, plus belle, plus accessible, située dans un meilleur secteur. Ou encore, ses enfants ayant quité le foyer, il souhaite trouver une résidence plus petite, plus pratique et qui tienne compte de son nouveau style de vie, de ses besoins. S'il est déjà propriétaire, l'acheteur a probablement calculé son budget en fonction du profit qu'il compte réaliser sur la vente de sa propriété actuelle. Sinon, il a établi un budget qui correspond à sa première mise de fonds. Il sait dès lors quel type de propriété il pourra se permettre d'acquérir et il misera sur la négociation. Par exemple, avec un budget de 200 000 $, l'acheteur considérera les propriétés inscrites à 225 000 $ et moins et il arrêtera sa présélection sur celles qui offrent le plus d'atouts et se rapprochent le plus de ses critères de sélection.

La recherche

Habituellement, l'agent immobilier présentera à l'acheteur une série de propriétés qui rencontrent le mieux ses critères de sélection (nombre de chambres, sous-sol fini, garage double, salle de lavage à l'étage, présence ou non de tapis, etc.). Étant donné que l'acheteur est en général très sélectif, rares sont les propriétés qui remportent le test avec brio, peu importe l'ardeur et la dextérité dont a fait preuve l'agent pour dénicher ces quelques propriétés susceptibles de lui plaire.

Dans d'autres cas, l'acheteur arpentera lui-même les quartiers qui l'intéressent ou encore naviguera sur Internet afin de repérer sa future résidence. Ainsi, il aura un aperçu des propriétés à vendre qui rencontrent le plus les normes qu'il s'est fixées.

La présélection

Parmi les propriétés choisies, l'acheteur effectuera une présélection et il éliminera toutes celles qui ne rencontrent pas ses attentes ou qui ne lui plaisent pas. La présélection s'effectue souvent à partir de la description de la propriété à vendre ou à partir d'une simple photo de l'immeuble à vendre. On voit ici l'importance de miser sur la présentation de la propriété, même à l'extérieur.

La visite

Après avoir franchi les trois étapes précédentes, l'acheteur a enfin déniché des propriétés potentiellement intéressantes à visiter. Il sait déjà de quoi elles ont l'air et espère que l'une d'entre elles lui plaira au point de vouloir s'en porter acquéreur.

❋   La première impression

Pendant l'étape de la recherche, l'acheteur s'est montré particulièrement rationnel, critique et organisé. Au moment où il pénétrera dans la propriété, les émotions prendront le dessus. En effet, si l'acheteur se sent bien en entrant dans la maison, si le décor est accueillant, harmonieux et chaleureux, il sera bien disposé et appréciera davantage la propriété.

❋   L'identification aux lieux

L'acheteur cherchera inconsciemment à se reconnaître et à s'imaginer dans les lieux. C'est un fait ! Si l'acheteur entre dans une propriété qui reflète la personnalité des occupants, et qu'il constate qu'il s'agit d'une famille sensiblement comme la sienne, que leurs goûts et âges correspondent, ainsi que leurs situations sociale et professionnelle, cela jouera en faveur de la vente de la propriété. Dans le cas inverse, l'acheteur ressentira un malaise et cherchera inconsciemment à abréger sa visite.

✳ La transposition mentale

Afin de favoriser la vente de la propriété, on doit miser sur la transposition mentale de l'acheteur potentiel. Si la propriété est bien présentée, déper-sonnalisée et harmonieusement décorée, le visiteur visualisera facilement la manière dont il occupera personnellement les lieux, y placera son propre mobi-lier et s'imaginera en train de partager de bons moments en famille ou entre amis.

L'offre d'achat ou le retour à la case départ

Si l'acheteur potentiel a la chance de visiter une propriété bien présentée, il est fort possible qu'il ressentira un coup de cœur et qu'il aura envie de présenter une offre, et ce, même si celle-ci ne rencontre pas tous ses critères de sélection. Le cas échéant, l'acheteur réévaluera ses critères de sélec-tion et effectuera une autre recherche...

Les éléments qui donnent un pouvoir de négociation à l'acheteur

Des bris apparents ou de nombreux signes de vieillissement

Les bris apparents d'une propriété sont de mauvais augure pour l'acheteur. En effet, une maison révélant de nombreux signes de délabrement est forcément une maison qui n'a pas été bien entretenue au fil des années. Un acheteur bricoleur et clairvoyant pourra flairer la bonne affaire et entreprendre de s'en porter acquéreur à prix modique.

Des revêtements de plancher endommagés ou désuets

Lorsque les visiteurs constatent que des revêtements de plancher sont à changer, ils évalueront sommairement à la hausse les coûts qu'exige leur remplacement et retrancheront alors ces coûts du prix demandé. Lorsque le vendeur ne veut pas assumer cette dépense, il en laisse le fardeau à l'acheteur, qui préférera le plus souvent poursuivre ses recherches, à moins d'obtenir une réduction de prix.

Des cuisines et des salles de bain qui ont de l'âge ou qui sont désuètes

Ces pièces jouent un rôle de premier plan dans l'impression que la propriété produira sur l'acheteur. La modernisation d'une cuisine, on le sait, peut facilement entraîner, au bas mot, une dépense de plus de 20 000 $. Il en va de même des salles de bain, sans compter les tracas que les travaux coûteront à l'acheteur. Il va donc sans dire qu'un acheteur potentiel exploitera ces lacunes pour justifier une offre largement inférieure au prix.

Avant

Après

Modifications apportées

* Le plancher du corridor, qui était abîmé, avait été recouvert d'une moquette qui masquait le plancher de bois franc.

* La tapis a été arraché, puis on a sablé et vernis les planchers afin de les mettre en valeur.

Exemple de rendement

Voici un scénario possible de transaction sans les mises au point stratégiques du Home Staging :

❋ Prix demandé : 250 000 $

❋ Écart possible entre le prix demandé et le prix de vente* : - 6 %

❋ Prix de vente anticipé : 235 500 $

❋ Délai de vente possible : 60 jours

En investissant 1 % de la valeur marchande de la maison sur des transformations stratégiques par les méthodes du Home Staging, on diminuera de moitié le délai de vente et on diminuera l'écart entre le prix demandé et le prix possible de vente d'au moins 2 %. Donc, pour la propriété présentée ci-contre, on pourrait s'attendre au scénario suivant :

	Situation sans Home Staging	Situation avec Home Staging
Prix demandé	250 000 $	250 000 $
Écart entre prix demandé et prix de vente	- 6 %	- 3,4 %
Prix de vente anticipé	235 500 $	241 500 $
Délai de vente possible	60 jours	30 jours
Investissement Home Staging (1 %)	Nil	2 500 $
Gains réalisés à l'aide du Home Staging	Nil	3 500 $

* Les statistiques viennent de *Bye-Bye maison !* et de la Chambre immobilière du grand Montréal.

Avec les mises au point stratégiques, on a investi 2 500 $. Cet investissement nous permet de croire, selon les statistiques, qu'on a augmenté la valeur de revente de la propriété de 6 000 $ et on a écourté le délai de vente de plus de la moitié. Dans un secteur recherché, on pourrait s'attendre à une plus grande augmentation du prix de vente. On s'imagine alors le potentiel incroyable des stratégies du Home Staging !

Statistiques

Voici quelques résultats de vente à la suite de transformations de type Home Staging. L'échantillon comprend quarante-deux maisons situées dans la grande région métropolitaine et dont les prix affichés variaient entre 150 000 $ et 300 000$. Les données sont valides pour 2006 et 2007.

✳   Le taux de réussite atteignait 79 % (neuf maisons n'avaient pas été vendues, dont trois avaient carrément été retirées du marché).

✳   Le délai de vente moyen après la transformation était de vingt et un jours.

✳   L'écart moyen entre le prix demandé et le prix de vente était de 3,4 %.

Étude de cas

Mise en situation

Type de propriété : maison de ville en copropriété, sur trois niveaux

Prix demandé : 172 900 $

Secteur géographique : Fabreville, Laval

La fiche MLS indique :

Maison de ville bâtie en 2003 comprenant deux chambres à coucher, une salle d'eau et une salle de bain complète avec grand bain et douche séparée. On retrouve également un climatiseur, un sous-sol fini avec salle familiale, un garage et une piscine creusée. La superficie habitable est de 960 pi^2 (89,2 m^2).

Compte rendu de l'agent :

Il y a eu cinquante-huit visites de la propriété depuis le début de la mise en marché et une promesse d'achat qui n'a pas abouti parce que les acheteurs ont changé d'idée lors de la contre-proposition. Ils ont reçu treize appels pour des demandes d'information en plus des visites. Certains visiteurs ont fait une promesse d'achat ailleurs dans le même projet car l'autre propriété possédait plus d'atouts...

Les principaux commentaires des visiteurs étaient les suivants :

❋ Les acheteurs désiraient une cour plus privée.

❋ Les pièces semblaient trop petites, surtout le salon et la chambre à coucher.

❋ L'environnement était déplaisant, notamment à cause de la cour à bois qui se trouve en face de la propriété.

Modifications apportées

❋ On a remisé le téléviseur et le canapé, puis on a opté pour du mobilier pouvant mieux convenir à l'espace.

❋ On a disposé trois miroirs afin de donner une impression de profondeur et afin de faire paraître la pièce plus grande.

❋ On a ajouté des accessoires pour moderniser le décor.

❋ L'ajout d'un grand tapis a eu pour effet de regrouper la zone « salon » et ainsi de présenter la pièce comme un lieu propice à la détente et à la convivialité.

❋ On a intégré des lampes offrant un éclairage d'appoint et donnant de la chaleur à la pièce.

Avant

Après

Après

Avant

Après

Avant

Avant

Après

Problématiques

✳ Le bleu soutenu ne plaisait pas à la majorité des acheteurs et accentuait le fait qu'il s'agissait d'une pièce aux dimensions restreintes. On a donc choisi un papier peint texturé pour donner un effet d'espacement (lignes horizontales).

✳ Il n'y avait pas assez de sources lumineuses dans la chambre.

✳ Le couvre-lit était défraichi et sa couleur assombrissait la chambre. La nouvelle literie au goût du jour séduira l'acheteur potentiel.

Avant

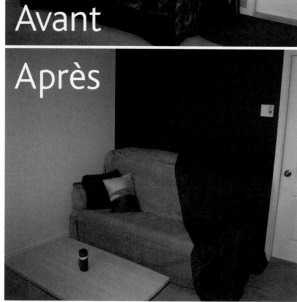

Avant

Après

Modifications apportées

* Deux murs ont été repeints d'une couleur chaude et foncée afin de donner de la chaleur à cette pièce plutôt froide.

* On a installé une housse aux teintes harmonieuses et neutres sur le canapé existant.

Coût des transformations

Pour les six pièces de cette propriété, on a investi un budget de 1 020 $ (soit 0,6 % de la valeur de la propriété) qui a été réparti comme suit :

* Peinture, papier peint et matériel : 160 $

* Location d'accessoires décoratifs pour un mois : 392 $

* Location de meubles pour un mois : 268 $

* Main-d'œuvre et ménage : 200 $

Bilan

Avant les transformations, la propriété était en vente depuis huit mois. Après les transformations, la propriété s'est vendue dans un délai de cinq jours ! La propriété a finalement été vendue au prix de 162 000 $, ce qui représente un écart de 6,3 % avec le prix demandé.

Dans certains cas, l'écart entre le prix demandé et le prix de vente peut être plus petit. Il est toutefois important de constater que, dans cette situation, c'est le délai de vente qui était critique. La maison stagnait sur le marché depuis huit mois et les visiteurs se tournaient vers d'autres unités comparables dans le même secteur car ils y trouvaient plus d'avantages. Les transformations ont alors porté leurs fruits car la propriété s'est vendue rapidement et avec une marge de négociation inférieure aux statistiques du marché.

Conclusion

Toutes les personnes qui songent à mettre leur propriété en vente devraient s'inspirer des trucs présentés dans ce livre afin de mettre leur demeure en valeur et augmenter leurs chances de la vendre rapidement et à un prix intéressant. Comme on l'a vu, le Home Staging consiste surtout à présenter un décor agréable à l'acheteur potentiel. Avec un peu de bonne volonté, n'importe qui peut y arriver sans fournir trop d'efforts et de ressources.

Pour vous aider à entamer vos démarches, nous vous avons préparé une liste détaillée qui contient une série de pense-bêtes afin que rien ne soit laissé au hasard lors de la vente de votre propriété. Alors, au travail !

Les points à passer en revue lors de la mise en vente de sa propriété

L'extérieur

Il s'agit du premier coup d'œil de l'acheteur. Si l'extérieur laisse à désirer, certains acheteurs potentiels choisiront de ne pas poursuivre leur visite...

- ❏ Le revêtement extérieur de la maison (propreté, état de la peinture, fissures ou autres problématiques à corriger)
- ❏ L'état de la toiture
- ❏ L'état des fenêtres
- ❏ La porte d'entrée (couleur adéquate, ajout de plantes en pots, etc.)
- ❏ L'adresse de la propriété bien identifiée et bien éclairée
- ❏ L'état de la pelouse et la propreté du terrain
- ❏ L'aménagement paysager
- ❏ Le patio et l'état du mobilier
- ❏ L'éclairage extérieur

L'entrée

Idéalement, nous favorisons une entrée bien dégagée. Si l'espace est restreint, optez pour une couleur claire, un éclairage suffisant et l'ajout d'un miroir pour donner l'impression de grandeur.

- ❏ L'éclairage
- ❏ La couleur
- ❏ La décoration
- ❏ L'ordre

Le salon et le séjour

Le salon doit refléter une ambiance conviviale, favorisant autant la relaxation en solitaire que les soirées entre amis. Les meubles doivent être disposés judicieusement en évitant de les aligner le long des murs.

- ❏ Les meubles (état et disposition)
- ❏ Les tableaux et les encadrements (disposition, hauteur, regroupement)
- ❏ Les photos de famille, à éviter
- ❏ Les appareils audio-visuels (disposition, organisation, fils apparents)
- ❏ L'état du foyer

La cuisine

C'est une des pièces importantes de la maison. On juge souvent l'état d'une maison par son apparence...

- ❏ L'éclairage (bien dirigé vers les coins travail – sous les cabinets)
- ❏ Le comptoir épuré et libéré au maximum
- ❏ Les électroménagers (propreté)
- ❏ Le bon fonctionnement de la plomberie
- ❏ Les rangements

La salle à manger

Elle doit être conviviale et épurée. C'est une pièce qui se prête essentiellement aux rencontres et aux échanges en famille ou entre amis. On doit donc éviter de lui prêter plus d'une vocation.

- ❏ La couleur (privilégier les tons chauds)
- ❏ Le mobilier (de dimension appropriée par rapport à la taille de la pièce)
- ❏ Luminaire surplombant la table (style, hauteur et dimension)
- ❏ Éclairage (au moins trois sources de lumière)

Les chambres

Elles doivent être propres, bien rangées et décorées de façon harmonieuse.

- ❏ La disposition des meubles (facilitant les déplacements autour du lit et l'accès aux rangements)
- ❏ L'éclairage
- ❏ La propreté
- ❏ L'état du garde-robe
- ❏ Les habillages de fenêtre

La salle de bain

Tout comme la cuisine, les visiteurs seront influencés par l'apparence de votre salle de bain.

- ❏ La propreté
- ❏ L'état de la plomberie
- ❏ Le comptoir (aucun objet personnel et hygiénique)
- ❏ L'éclairage à la vanité
- ❏ Les rangements

La salle d'eau

Souvent petite, la salle d'eau doit être judicieusement décorée afin de lui donner du cachet et de l'ampleur. Cette pièce doit être exempte d'articles personnels car elle est souvent utilisée par vos invités et visiteurs.

❏ La propreté

❏ Les accessoires

❏ L'éclairage à la vanité

Les rangements

Des rangements bien organisés et ordonnés ! Si vous ne vous y retrouvez plus, pensez aux visiteurs. Prenez de l'avance en faisant des boîtes. Vous aurez ainsi l'occasion de mettre de l'ordre et de permettre à l'acheteur potentiel de bien évaluer l'espace.

Dans l'ensemble de la maison

❏ Les odeurs

❏ Les revêtements de plancher (état et propreté)

❏ Les habillages de fenêtres (propres et favorisant l'entrée de lumière ou la limitant dans le cas d'un plein sud)

❏ Murs et boiseries (couleur adéquate, propres)

❏ Les fenêtres doivent être propres

❏ Tous les bris doivent être réparés (trous, fissures)

La propreté

Souvenez-vous lorsque vous étiez à la recherche d'une propriété... la propreté de la maison a certainement joué un rôle très important quant au choix de celle-ci... et ce, sans que vous vous en rendiez compte ! Un bon ménage s'impose.

À l'extérieur

❏ Le revêtement extérieur de la maison

❏ Les fenêtres et cadrages

❏ La porte d'entrée et le seuil

❏ L'adresse de la propriété

❏ Le terrain

❏ L'aire de stationnement

❏ Le patio et le mobilier

À l'intérieur

❏ Les planchers

❏ Les murs et plafonds

❏ Les miroirs

❏ Les luminaires

❏ Les tapis

❏ Les éléments de chauffage

❏ Les habillages de fenêtres et les vitres

❏ Les moulures, O 'Gee et cimaises

- [ ] Les portes et les poignées de portes
- [ ] La robinetterie
- [ ] Le lavabo, la baignoire, la cuvette
- [ ] Le rideau de douche
- [ ] Les joints de céramique (murs et planchers)
- [ ] Le scellant
- [ ] L'intérieur des cabinets, du garde-manger et des rangements
- [ ] Les portes d'armoires et les poignées
- [ ] Le dessus des armoires

Les odeurs à proscrire lors des visites

- [ ] Cigarette
- [ ] Friture
- [ ] Oignon
- [ ] Animaux
- [ ] Épices
- [ ] Tous les produits ultra-parfumés

Odeurs à privilégier

- [ ] Pâtisserie
- [ ] Café frais
- [ ] Cannelle
- [ ] Vanille
- [ ] Agrumes

Trucs et astuces avant les visites

- [ ] Enfournez un pain congelé.
- [ ] Morceaux d'agrumes disposés dans une assiette de présentation placée au micro-ondes quelques minutes avant les visites.
- [ ] Quelques gouttes de vanille dans une assiette d'aluminium placée au four quelques minutes avant les visites.
- [ ] Des feuilles d'assouplissant placées sous les tapis, sous les coussins...
- [ ] Diluez une partie d'assouplisseur liquide avec deux parties d'eau et faites bouillir.
- [ ] Allumez une bougie de qualité aromatisée à la vanille ou à la cannelle.
- [ ] Faites bouillir des bâtons de cannelle.
- [ ] Utilisez des neutralisateurs d'odeur.

Notes

Notes

Notes